学以致用，以学促用

——辽宁社区工作者学院 2024 年
培训跟踪问效典型案例选编

全国党员教育培训示范基地 – 辽宁社区工作者学院　**组编**

东北大学出版社

·沈　阳·

图书在版编目（CIP）数据

学以致用，以学促用：辽宁社区工作者学院 2024 年培训跟踪问效典型案例选编 / 全国党员教育培训示范基地－辽宁社区工作者学院组编 . -- 沈阳：东北大学出版社 , 2025. 6. -- ISBN 978-7-5517-3884-2

Ⅰ . D669.3

中国国家版本馆 CIP 数据核字第 2025J6Y309 号

出　版　者：东北大学出版社
　　　　　　地址：沈阳市和平区文化路三号巷 11 号
　　　　　　邮编：110819
　　　　　　电话：024-83683655（总编室）
　　　　　　　　　024-83687331（营销部）
　　　　　　网址：http://press.neu.edu.cn
印　刷　者：辽宁一诺广告印务有限公司
发　行　者：东北大学出版社
幅面尺寸：170 mm × 240 mm
印　　张：17.5
字　　数：314 千字
出版时间：2025 年 6 月第 1 版
印刷时间：2025 年 6 月第 1 次印刷
责任编辑：郎　坤
责任校对：潘佳宁
封面设计：潘正一
责任出版：初　茗

ISBN 978-7-5517-3884-2　　　　　　　　定　价：68.00 元

《辽宁社区工作者学院培训跟踪问效

典型案例选编》丛书编委会

丛书主编：隋永强　张　雷

本册主编：李月娥　赵　璇

本册副主编：高　晨　崔雨楠

王晓晴　侯鸿楠

序言
Preface

2025 年 1 月 23 日，习近平总书记在辽宁沈阳大东区长安街道长安小区社区党群服务中心考察时强调，城市更新要因地制宜，同社区建设结合起来，一切着眼于便民、利民、安民，特别要更好地关心呵护"一老一小"。

社区是党在城市工作的基础。街道社区党组织干部不仅是推动地方经济社会发展的基础性力量，也是我们党解决联系服务群众"最后一公里"问题的最坚实力量。街道社区党组织干部的能力、水平、素养在群众的眼中，就是我们党服务人民、治国理政的能力、水平和胸怀。为加强城市基层党的建设，培养造就高素质专业化城市基层干部队伍，夯实党在城市的执政基础，2014 年 12 月 31 日，中共辽宁省委决定依托东北大学创办辽宁社区干部学院。2015 年，学院被中央组织部选定为首批 10 个全国党员教育培训示范基地之一。2022 年，经辽宁省委组织部报请中央组织部批准，辽宁社区干部学院更名为辽宁社区工作者学院。学院建院以来始终瞄准中国社区发展方向，坚持"特色立院，创新兴院"，推进社区工作者培训工作规范化、制度化、常态化，提高社区工作者执行政策、服务群众、依法办事、维护社会稳定的能力，培养造就专业化、职业化的城市社区工作者队伍，打造社区工作者锤炼党性的熔炉、提升能力的阵地、成长成才的摇篮。

2024 年 3 月至 11 月，辽宁社区工作者学院共开设培训班 40 期，培训人数总计 3940 人，其中全省社区党组织书记基层党建助力全面振兴新突破三年行动省级示范培训班 16 期共 2080 人次、全省城乡社区工作者队伍专业化职业化建设培训班 6 期共 480 人次、全省街道党工委副书记能力素质提升省级示范培训班 7 期共 508 人次、全省街道党工委组织委员基层党建工作实务省级示范培训班 7 期共 508 人次、全省社区网格党组织负责人网格化管理服务省级示范培训班 4 期共 364 人次。学院通过向参训学员征集"学以致用，以学促用"的典型实践案例的方式进行追踪问效，宣传并推广典型实践做法，同时根据实践反馈，加强培训规范化建设，以提升学院的办学水平。

《学以致用，以学促用——辽宁社区工作者学院 2024 年培训跟踪问效典型案例选编》共征集 50 篇案例，内容涉及社区养老服务、宜居环境建设、社企合作、社区儿童关爱、爱心志愿服务、社区文化建设、社区网格化治理、社区工作法、社区便民服务、社区矛盾纠纷化解等方面的典型做法与成效。希望这些案例能够为广大社区工作者的工作实践提供借鉴和指导，同时也希望这些案例资料能成为广大研究社区治理、关注社区发展的学者和公众了解社区治理实践的重要窗口。

本书编委会

2025 年 6 月

目 录
Contents

| 第一部分 |
社区养老服务

随着人口老龄化的加速，养老问题逐渐成为社会关注的热点。社区养老服务，作为一种新型养老模式应运而生，它是以社区为依托，整合社区内各类资源，为老年人提供生活照料、医疗保健、精神慰藉、文化娱乐等多样化服务的养老方式。与传统家庭养老和机构养老不同，社区养老服务将养老服务延伸至老年人熟悉的社区环境中，既保留了家庭养老的情感优势，又能借助社区资源提供专业服务，满足了老年人"离家不离社区"的养老需求。

社区养老服务的重要性不容小觑。对老年人来说，显著提升了他们的生活质量。社区提供的助餐、助浴、助医等基础服务，解决了老年人日常生活的实际困难；定期组织的健康讲座、文化活动，则丰富了他们的精神世界，让老年人在晚年生活中感受到关爱与尊重，增添生活乐趣。从家庭层面来看，社区养老服务减轻了子女的养老负担，使他们能够兼顾工作与生活。对于整个社会而言，社区养老服务的发展，缓解了社会养老压力，促进了社会和谐稳定，同时推动了养老产业的发展，创造了就业机会，带动了相关产业的进步。社区养老服务体现了对老年人的尊重与关怀，传承了尊老爱幼的传统文化，也为构建和谐社会作出了积极贡献。

总的来说，社区养老服务是应对人口老龄化挑战的有效策略，是构建老年友好型社会的重要组成部分。它承载着老年人对美好生活的向往，也凝聚着社会各界对老年人的关爱。在未来，随着社会的发展和人们对养老需求的不断提升，社区养老服务将不断完善和创新。以下案例将深入探讨社区养老服务的多种模式、实践案例与应对策略，为社区养老服务的发展提供有益参考。

嵌入式养老：开启社区"老来伴"养老服务新模式

——沈阳市浑南区白塔街道全运村社区党委书记谭琳琳

一、社区基本情况

白塔街道全运村社区始建于 2016 年，下辖 5 个独立小区。社区现有规划户数 5317 户，常住人口 7226 人，其中，60 岁以上老年人 1517 人，占社区总人口数的 21%，65 岁以上老年人 794 人，占比 11%，包括 9 位高龄老人、32 位独居老人。全运村社区呈现高龄化态势，老年群体对养老服务的需求不断增长。全运村社区围绕"品质养老"民生服务理念，打造"家门口"服务站，做实民生工程，借助"五社联动"力量在为民办实事方面实施社会工作服务项目 20 余个，累计服务老年人 3000 余人次，受益人群超过 2 万人次，获得了居民的一致好评，并以功能齐全的为老服务专区、专业细致的社区护理站、医养结合的居家养老服务中心、干净整洁的长者助餐点、资源齐全的智慧养老平台及丰富多彩的社区敬老活动，成功解锁"全运村老年友好型社区生活"体验，荣获"2023 年全国示范性老年友好型社区"称号。

二、学习收获体会

谭琳琳是沈阳市浑南区白塔街道全运村社区的党委书记，于 2024 年 7月 8—12 日参加了辽宁省委组织、辽宁社区工作者学院举办的"全省社区党组织书记基层党建助力全面振兴新突破三年行动省级示范培训班"。此次培训以专题授课、分组讨论、座谈交流、参观学习、集体学习互动等形式开展。为期五天的学习内容丰富，从基层党组织功能建设到基层社区工作者队伍建设，从依靠党组织和广大群众化解矛盾的"枫桥经验"到引导社会力量参与基层治理，谭书记收获颇丰。培训后，她充分认识到构建为老服务体系需要综合考虑老年人的各种需求，从生活照料到精神慰藉，并且利用现代科技手段提升服务效率和质量也是必不可少的。未来全运村社区将借鉴其他优秀社区的治理经验，结合全运村社区实际，逐步完善社区为老服务体系，让社区的老年人真正感受到家的温暖与关怀。

三、学以致用举措和成效

（一）嵌入服务——居家养老有"医"靠

全运村社区党委积极探索园区邻里党建新模式，大力支持社会力量参与基层治理，构建集社区、社工、社会组织、志愿者和社会资源为一体的"五社联动"机制，大力创新整合专业服务机构、智慧平台、医养康护嵌入社区养老服务工作机制，打通为老服务"最后一米"。针对社区内医养结合服务供给不足的现状，全运村社区依托有医疗资质的社区居家养老服务中心，创新全运"融合"模式。"融"是指将医康养护等为老服务专业融合在一起，"合"则是将机构、企业、协会、社会组织、专家志愿者等服务资源和力量聚合在一起，利用社区综合用房，经过卫健部门审批，建设全市首个社区护理站，实现"养老服务 + 嵌入式护理站"养老服务模式。"要是能有个医护人员到家里定期帮我更换尿管，可真是解了我的忧愁了呀！"家住全运村社区玉兰花园小区的谢叔是一位高位截瘫的老人，两年前向走访的社工倾诉……如今社区链接的社会专业资源定期上门给谢叔更换尿管、提供营养咨询、讲解护理常识。

社区护理站统筹调度医护资源，为社区内失能、失智或长期卧床老年人或居民提供医护服务，具体包括日常护理服务、提供简单医疗措施、建立健康档案、上门取样、上门照护、基础医疗康复、安宁疗护等医养结合服务。

在社区护理站，老人们不仅享受着社区护士优质的上门服务，还有知名临床专家和专业人士的义诊活动，时不时就能听到资深专家的公益讲座，现场向平日里一号难求的著名专家学者咨询……生活在这里的居民，日子都是幸福的。

图 1　社区护理站开展义诊活动

（二）嵌入设施——智慧养老有"依"托

社区党委深入探索"互联网 + 养老服务"模式，搭建"互联网 + 大数据 + 智能呼叫 + 居家安防"智慧养老信息平台，深化养老服务与科技创新融合，整合线下养老服务设施、医疗机构、专业服务队伍等，构建以"居家紧急救助、养老服务调度、老年健康管理、居家智能安防"为核心的"虚拟智慧养老院"模式，解决失能失智、术后康复、疾病治疗、临终关怀等老年群体的照护难题。

同时，全运村社区委托具有专业资质且经验丰富的合伙人从新松机器人等科研团队选取产品，打造适老化设备展示专区，全景展现老年人居家养老生活与服务场景，定期组织科普活动，邀请老年人及其子女参与体验，对有需要的家庭，提供租赁服务，对经济困难的老年人无偿借用，满足辖区内老年人家庭线上线下购买产品和服务的需求，真正实现了养老数据信息化、养老业务网络化、养老服务便民化、决策分析科学化和养老监管智能化，运用科技创新破解养老难题。

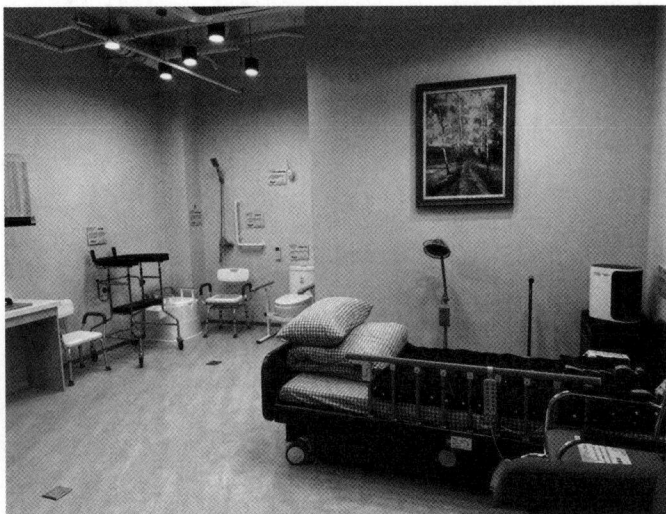

图 2　社区党群服务中心的适老化设施展示

（三）嵌入网格——品质养老有"艺"境

老年人退休后精神世界满足度、日常文娱生活融入感是衡量社区老年人生活质量的重要方面。社区党委以"睦邻党建"为切入点，充分调动老党员、老教师、老劳模、退役军人、居民志愿者老有所为，发挥余热，积极打造家门口的"老年驿站"，将老年人的文化娱乐、日常教育嵌入社区治理，提炼现实需求、培育内生动力。相继组建全运先锋志愿队、全运银龄艺术团、全运墨林达人书画志愿队、园区共治志愿队等多支志愿服务队伍，充分发挥"志愿服务"自治效能，依托党群服务阵地，深入调研，挖掘需求，开展老年人喜闻乐见的活动，既要"玩"也要"学"，增进老年人的身心健康，提升老年人的银龄幸福感。将暖心服务送进千家万户，传递浓浓志愿情，让志愿服务在基层治理中绽放光芒。

知识"充电"让老年人学得开心。社区为老年群体开设多样讲座，与时俱进宣传文化知识。健康知识讲座，普及老年人常见疾病的预防、治疗知识。反诈讲座，守护老年人的"钱袋子"。中式面点讲座，将老年人带入美食圈、烙饼、做蛋糕，尽情品尝舌尖上的美味。智能手机讲座，让老年人"玩转"微信各类功能、小程序，适应数字化时代的新变化，时代在变，"银龄"们也不能落伍掉队。"没有共产党就没有新中国……"，歌声来自全运村社区爱之声合唱团，近70位老人在团长的指挥下歌声嘹亮，整齐划一，刘姨每每见到我们都会说"成为合唱团的一员是我多年来的心愿，没想到退休了却实现了"，合唱团的团长是居民志愿者，义务带领居民们排练。像这样的队伍全运村社区组建了16个，包括太极、舞蹈、形体模特、书法、乒乓球等，共同构成了全运银龄艺术团。

图3　银龄艺术团进行合唱表演

全运村社区通过创新"嵌入式养老"场景将养老服务、医疗服务与"两邻"建设深度融合，并将嵌入式服务与关爱独居、空巢特殊群体老年人和注重老年人的精神慰藉等居家和社区养老服务有机结合，促进邻里和睦、社区和谐，"两邻"理念深入人心，实现老年人在"家门口"就近就便多样化"一站式服务"，有力完善社区居家养老服务网络，打通为老服务的"最后一米"。未来，全运村社区党委将继续以热爱为动力，站在长者身边，凝视双眸、倾听心事，与长者携手书写美好生活故事。

案例整理：崔雨楠

筑社区自治之巢，破养老服务之茧

——葫芦岛市绥中县绥中镇光明社区党委书记郑薇

一、社区基本情况

绥中镇光明社区成立于 2023 年 4 月，社区场所位于绥中县沙岭杨路，面积 400 平方米。社区管辖范围为沙岭杨路以东，和平街西段以南，塔山路以西，沙岭小区以北，占地面积 0.6 平方公里，辖区共设 11 个网格，71 栋楼，278 个单元，常住人口 7380 人。

光明社区党委是一个具备良好的服务意识和专业技能，拥有热情、富有爱心的团队。社区品牌为"关爱"，以"关爱每一位居民，共创和谐社区"为核心理念，为居民提供高质量的服务，将关爱融入社区生活的方方面面。在"党建＋服务"的引领下，积极与社会各界合作，整合各种资源，与医疗机构、教育机构、企业等建立合作关系，共同开展活动，为社区品牌的发展提供支持。同时，充分发挥社区居民的力量，鼓励居民参与志愿服务，成立文明实践站，共同打造"关爱"社区，通过提供贴心的服务和支持，让居民感受到家的温暖和归属感。

二、学习收获体会

郑薇是绥中镇光明社区的党委书记。郑书记参加过 2024 年 5 月 27—31 日辽宁省委组织部举办的"全省社区党组织书记基层党建助力全面振兴新突破三年行动省级示范培训班"。通过专题授课、分组讨论、座谈交流、参观学习、集体学习互动等形式的学习，了解到在社区基本治理工作中，一个团结、友爱的工作团队至关重要，要加强社区党组织建设，充分发挥党员的先锋模范作用，凝聚社区工作者、志愿者和居民的力量，为社区的发展贡献智慧和力量，营造一个充满爱与关怀的社区环境。为期五天的学习，郑书记学习了许多先进的社区治理经验和创新做法，如加强社区党建引领、推动志愿服务、促进居民参与等，让她在社区工作中有了更加清晰的方向指引，能够更好地将党的方针政策贯彻落实到基层，更有助于她在今后的工作中，结合本社区实际情况，探索出更加有效的治理模式，提升社区服务质量。

三、学以致用举措和成效

（一）暖"心"守护，点亮老人幸福晚年

坚持党建引领关爱"一老"工作，依托网格化管理，积极主动拓展养老服务功能，持续关注老年人身体健康状况。社区联合县医院开展以"关爱老人，颐养天年"为主题的义诊活动，为居民进行量血压、测血糖等常规检查，并针对检查情况给出相应建议。社区工作人员分工明确，前期充分准备，现场指引、组织与协调等，耐心细致地解答老人们提出的问题，并提醒

图1　"关爱老人，颐养天年"义诊活动

他们充分认识自己身体的健康状况，做到对疾病早预防、早发现、早治疗，保持良好的生活习惯，降低常见病的发病率。给居民送健康送温暖，更加紧密地联系居民，做到健康服务到身边。开展关注老年人眼健康的"青春爱眼，光明小屋"主题公益活动，由社区诚邀何氏眼科的医生为辖区老年人免费检查视力，重点关注老年人白内障情况，提高居民健康爱眼意识，防患于未然，让老人感受到社区大家庭的温暖，关爱老人晚年生活。

（二）织"网"传递，助力老年人远离诈骗

社区诚邀长丰银行到社区现场为居民讲解诈骗的典型案例、防电信诈骗相关知识，让老年人深刻体会到防诈骗对于维护自身利益的重要性。培训后网格员深入小区向居民发放反诈宣传单，并讲解电信诈骗的防范措施。老人们表示，反诈宣传活动进一步增强了他们防范电信诈骗的"免疫力"，要切实提高自身反诈骗意识，带头做反诈骗的传播者和践行者，为实现社区和谐贡献自己的力量。

图2　反诈培训

（三）筑"新"港湾，营造老人宜居环境

社区接到老年居民反映，居住平房区域存在环境卫生问题。其邻居房屋常年无人居住，周边垃圾袋缠绕，杂草丛生，不仅影响美观，还导致门口卫生状况堪忧，老鼠出没、蚊虫滋生，严重影响了老年居民的日常生活，也对

社区整体环境和居民健康构成威胁。社区党委书记接到电话后，第一时间前往现场察看，发现除垃圾堆积外，还存在杂草丛生等环境问题。

与此同时，社区内一个动迁小区的环境状况也不容乐观。生活垃圾无序堆放，建筑垃圾随意倾倒，污水横流，散发着难闻的气味，严重影响了居民的日常生活。该小区未动迁住户多为老年人，出行时不仅要避让各类垃圾，还要忍受恶劣环境带来的不适，身心健康都受到影响。

针对这些问题，社区迅速采取行动。一方面，组织人员对平房区域的垃圾、杂草进行全面清理，并在清理后种上花卉，既防止此处再次成为垃圾点，又美化了环境，确保环境整洁。另一方面，针对动迁小区，调配清洁工具和车辆，组建社区志愿者队伍进行清理，及时清运堆积如山的建筑垃圾。经过连续多日的努力，动迁小区路面恢复干净整洁，为老人出行创造了安全、便利的环境。此外，社区还组织网格员对小区居民进行广泛的引导教育，倡导大家养成良好的生活习惯，文明投放垃圾杂物，共同维护小区干净整洁的环境。

（四）搭"爱"桥梁，助力老年困难群众

社区时刻将老年困难家庭的冷暖挂在心上。社区党委书记每年带队，组织社区民政工作人员与志愿者组成走访小组，提前规划走访路线，确保走访覆盖到每一户老年困难家庭。走访过程中，与老年人深入交谈，详细询问他们的家庭情况、身体状况、收入来源以及目前面临的困难和需求，帮忙打扫卫生、购买生活用品，并对其反映的问题和需求进行认真记录。在走访中，也向老年人介绍社区提供的各项服务和帮扶政策，如免费体检、临时救助等，让他们感受到社区的关心和支持，为后续制定针对性帮扶措施提供依据。

社区依托网格化，运用线上线下结合方式，以精细治理为抓手，以群众满意为标尺，持续在党建领航、社区治理、综治维稳、民生保障等重点工作上精准施策、攻坚克难，不断推动社区重点工作有突破、有特色、有亮点，整体工作上水平，有效提升社区居民的获得感、幸福感和安全感。

光明社区将秉持发展为民的价值取向，遵循民生优先的行动指南，一砖

一瓦绵绵用力，一针一线久久为功，持续聚焦"一老一困"等重点群体，托起辖区"关爱之巢"。回眸深耕路，起航再出发，在总结经验的基础上，不断反思和改进工作，努力提高社区治理水平，为居民创造更加美好的生活环境。

案例整理：侯鸿楠

微茫社区春常在，老龄建设暖人心

——铁岭市调兵山市调兵山街道红房社区党委书记张洪雪

一、社区基本情况

调兵山市调兵山街道红房社区成立于 2000 年，辖区位于调兵山市偏北部，辖区面积 10.5 平方公里；社区现有户籍人口 7891 人，常住人口 9844 人，总户数 4606 户，居民构成多元化。第七次人口普查公开数据显示，红房社区 60 岁以上人口达到了 28%，老龄化现象十分严重。关注社会养老事业，改善空巢老人、离退休老人生活质量，是提高人民群众幸福指数的重要内容。社区党委根据辖区实际情况，建立了以党建为引领、党员志愿者帮扶为补充、网格员提供服务为支撑的多层次、多类型的社区助老服务体系，经过不断提档升级，现命名为"党徽闪耀 微茫助老"。

二、学习收获体会

张洪雪是调兵山市调兵山街道红房社区的党委书记。张书记于 2024 年 6 月 24—28 日参加了辽宁省委组织部与辽宁社区工作者学院联合举办的"全省社区党组织书记基层党建助力全面振兴新突破三年行动省级示范培训班"。为期五天的学习，使她拓宽了视野，丰富了理论知识，先进的工作理念、热情的学习氛围，让她深刻认识到基层党建工作的重要性和紧迫性。在今后的工作中，她将以更加饱满的热情和更加务实的作风，推动基层党建工作不断取得新的成效。把学到的知识和经验运用到实际工作中去，为社区的发展和群众的幸福贡献更多的力量。

三、学以致用举措和成效

（一）微茫助老，精准服务，筑牢社会稳定"压舱石"

社区老龄工作肩负着维系社会结构稳定的重任，老年人的生活状态直接影响着家庭乃至整个社会的情绪基调。红房社区充分认识到，社区为需要帮助的老人送上一些关怀，其子女便能安心投身于社会建设，减少因养老焦虑引发的家庭纠纷与职场分心，使社会这部庞大机器得以平稳、高效运转。

图 1　社区以多种形式开展爱老敬老活动

2023 年初，红房社区开始部署助老工作，通过三步走，擦亮"党徽闪耀 微茫助老"品牌，为老年人提供精准服务。一是问卷调查发现个性化服务需求。组织网格员对辖区 60 岁及以上老年群体开展问卷调查，并应用调查结果建立台账，对需要重点帮扶的群体进行标注，精准发现老年人的不同需求。二是用送服务暖人心。对有服务需求群体开展走访慰问、电话关怀、业务代办、心理抚慰、文娱活动、应急救助、法律援助等多种形式的服务。特别是针对辖区内的离退休群体，为缓解他们退休后的失落感，社区结合初期调研了解到的这部分群体的专业特长，将有水平有经验的老人整合起来，把他们纳入文艺、志愿者等队伍，特别是关工委的"五老"群体，不仅为他们提供了展示自我、实现价值的舞台，更促进了社区的和谐共融，让每一位离退休居民都能找到属于自己的光芒，加入构建和谐文明社区的队伍中来。三是用制度保障工作持续开展。建立了工作责任制、月报工作制度、共建共治制度、廉政风险台账，确保活动取得实效。品牌活动成立至今，扎实开展活动 165 户次，为超过 100 位 60 岁以上老人提供多种服务。

（二）社区搭台，老年唱戏，营造精神世界"繁花似锦"

精神文明建设让社区成为老年人的心灵花园。文艺团队百花齐放，主题晚会、合唱比赛等活动精彩纷呈，为老人提供展现自我的舞台。清晨的第一缕阳光穿透薄雾，照亮了社区广场。这里，一支由苏大姐发起并带领的"千百合"文艺队正紧锣密鼓地排练着。苏大姐年轻时便是舞蹈资深爱好者，退休后，她发现许多老伙伴都有唱歌跳舞的爱好，却因缺乏组织而难以施展。于是，在社区的支持下，"千百合"文艺队应运而生。

图 2 红房社区"千百合"文艺队在文艺党课汇报演出上的精彩表演

老人们自编自演，将传统秧歌、现代舞巧妙融合，创作出了一系列既接地气又富有时代感的节目。国庆节期间，文艺队走进社区，用歌声和舞蹈唱响祝福祖国的赞歌；重阳节时，社区党委联合"千百合"文艺队精心策划了一场"孝老敬老我先行"主题晚会，邀请社区的高龄老人共聚一堂，分享生活的点滴与感悟。文艺队的表演不仅丰富了老年人的精神文化生活，更成为社区文化的一张亮丽名片，吸引了众多居民的关注与参与，促进了邻里之间的交流与理解。

（三）银发献力，共治共享，实现社会融合"无缝对接"

社区老龄工作有力地促进了老年群体与社会的深度融合。老年志愿者队伍活跃在基层治理、救助、教育、关心下一代等各个领域，成为社区发展不可或缺的力量，让老年人以主人翁姿态回归社会中心，打破年龄壁垒，实现全民共建共享的社会新图景。

如果说文艺队是社区文化的传播者，那么由陶叔带领的"党员志愿者队"则是社区温暖的传递者。陶叔退休前是一名企业单位的人事专员，他深知人与人之间沟通互助的重要性。于是，他与老伙计——退休的王老师发起成立了这支由退休的党员、教师以及各行各业从业者组成的志愿者队伍。他们定期走访独居老人、残疾人家庭，提供生活照料、心理慰藉等服务；在寒暑假期间，还开展了党员为萌娃讲红色故事的活动，引导广大青少年听党话、感党恩，厚植爱党爱国情怀，既弘扬了爱国主义精神，丰富了孩子们的假期生活，也让老人们在活动过程中获得了成就感与归属感。

图 3　党员志愿者陶叔走进幼儿园给萌娃讲红色故事

在"微茫助老"品牌活动的推动下，社区内的"五老"（老干部、老战士、老专家、老教师、老模范）群体被赋予了新的使命与活力。他们凭借丰富的社会经验和深厚的群众基础，积极参与到社区建设中来，成为社区治理的重要力量。呼叔是一位退休的老干部，非常善于处理人际关系问题，他主动请缨担任评理说事调解员，成功调解了多起邻里纠纷，维护了社区的和谐稳定。朱姨则是社区环保小组的领头人，她带领一群热爱自然的老人，开展垃圾分类宣传、清理小张贴等活动，让社区环境变得更加宜居。此外，"五老"们还积极参与社区治理、文化建设，为社区的长远发展贡献智慧与力量，用实际行动诠释了"退休不褪色，离岗不离党"的崇高精神。

图 4　法律援助律师走进社区开展法律讲堂活动

"微茫助老"，以微小的光芒汇聚成照亮老年人晚年生活的璀璨星河。在这个充满爱与希望的社区里，每一位老人都是一颗璀璨的星辰，他们用自己的方式发光发热，不仅点亮了自己的晚年生活，更为社区的发展注入了新的活力与希望。未来，随着"微茫助老"品牌活动的持续深化与创新发展，红房社区的老龄工作将会绽放出更加绚烂的光彩。

案例整理：崔雨楠

多级联动，共创老年文化乐园

——铁岭市铁岭县如意湖街道浅水湾社区党委书记董诗琪

一、社区简介

如意湖街道浅水湾社区管辖浅水湾一号小区御龙居、龙湖居、锦龙居三个小区，居民楼 88 栋楼，总户数 4532 户，常住人口 7853 人，60 岁以上老人 1209 人。社区党员 294 人，下设 14 个网格片区。社区设有党员活动室、文化活动室、图书阅览室、日间照料室、志愿者服务站、家庭指导教育室、青少年活动中心、老年活动中心、心理辅导室等，面积 680 平方米，给社区居民提供了休闲、娱乐、读书、学习的"文化阵地"。社区有 3 个特点，社区人口多、人员成分复杂、老年人居住相对集中，对社区如何进行精细化服务提出了更高的要求。为应对居民老龄化现象，为社区的特殊群体做深做实服务，坚持"一老一小"共建服务。社区以"一老一小"服务为重点，全年为民代办事项 200 余次，"我为群众办实事"处理矛盾纠纷等 20 件，做到群众需求有求必应，满意度不断提升。

二、学习收获体会

董诗琪是铁岭县如意湖街道浅水湾社区党委书记、居委会主任、网格党支部书记。2024 年 11 月她参加了全省社区网格党组织负责人网格化管理服务省级示范班。学习期间，培训班安排了"习近平总书记关于东北、辽宁振兴发展的重要讲话和指示批示精神解读""提升社区党组织组织力、筑牢基层战斗堡垒""网格突发事件的应急管理策略""基层党建工作实务"等课程。五天课程的培训学习，贴近实际生动具体的现场观摩和实践教学使她的工作能力进一步得到了提升。作为一名基层社区工作者，她以此次学习为契机，吸收案例经验，不断提升为民服务能力。

三、学以致用举措和成效

有梦不觉天涯远，扬帆起航正当时。在街道党工委的正确领导下，如意湖街道浅水湾社区与市委组织部、市老年大学联合开办了全市首家建在家门口的老年大学，通过课程的学习和多样的活动，丰富了老年人精神文化生活，展现了老年人积极向上的精神风貌和老年教育的丰硕成果，真正实现了老有所学、老有所为、老有所乐、老有所养、老有所依。

（一）多彩生活，乐享幸福晚年

社区根据老年人的喜好灵活设置课程，社区老年大学第一期声乐课开课，学员们认真学习，一节课下来，学员们纷纷表示："课程的节奏和内容非常适合中老年人，在自己家门口就能学到专业的声乐课很开心，感觉非常幸福，不仅学到了知识，还增进了邻里关系，会继续来学习。"开设社区老年大学，激发了老年人对学习的兴趣，同时给社区的居民们搭建了学习交流的平台，挖掘社区兴趣小组，扩充社区学习团队，营造良好的社区文化氛围，老年大学覆盖了浅水湾周边多个小区，近 260 名辖区居民参与其中。

在"七一"前夕，社区开展"七个一"系列活动，组织社区党员一起重温入党誓词、文艺汇演等多种形式庆祝中国共产党成立 103 周年。结合各种节日开展活动，春节举办剪纸迎新春，共庆幸福年；母亲节邀请 5 对母女，传递温暖与爱；端午节制作香包；中秋节自制冰皮月饼……开展主题活动 28 次。邀请新康医院、何氏眼科开展爱心义诊 5 次。同时社区常年活跃着合唱团、舞蹈队、模特队等 6 支文化活动团体，文化骨干近百人加入丰富多彩的社区生活。

图 1 中秋节自制月饼

（二）银发生辉，展现志愿风采

鼓励老年学员持续发挥余热，在保障人员自身安全的基础上，有组织地开展志愿服务活动，充分利用退休闲暇时间发挥专业特长为民服务，以实际行动绽放"银发光彩"，展示"银发力量"，彰显"银发价值"。社区大党委与市教育局、市委网信办、县发改局、县人社局、县民政局、天泽物业六家成员单位共谋策略。在创建文明城市期间，社区将大党委成员单位、党员和老年大学学员分派在园区环境卫生整治、"空中飞线"清理、电动车排查等不同岗位，打造文明社区。在大家的共同努力下，新增垃圾分类投放点 1 个，开展集中环境整治行动 8 次，全年清理广告小招贴千余张，整治"空中飞线"30 余处，规范非机动车停放 70 余辆。

社区还定期收集空巢老人、留守儿童、失独家庭等重点人员的信息，制成"微心愿"卡片，帮助他们实现"微心愿"，这么做一方面能够拉近社区和这些重点人员的距离，及时了解他们的状况，另一方面能够使他们感受到党的关怀，使社区更加和谐稳定。同时社区打造"一老一小"暖心服务，完成独居老人陈大爷"拥有一个血压仪"的心愿，独居老人杨姨"有人帮忙打扫房屋的心愿"等，让老人享受幸福生活。除了"惠老"，社区还积极发挥党员队伍力量"惠小"，关爱残疾儿童圆梦小课桌、开展"一对一"辅导功课志愿服务活动等，全年携手开展各类志愿服务活动30余次，帮助辖区独居老人、贫困儿童实现"微心愿"18件。

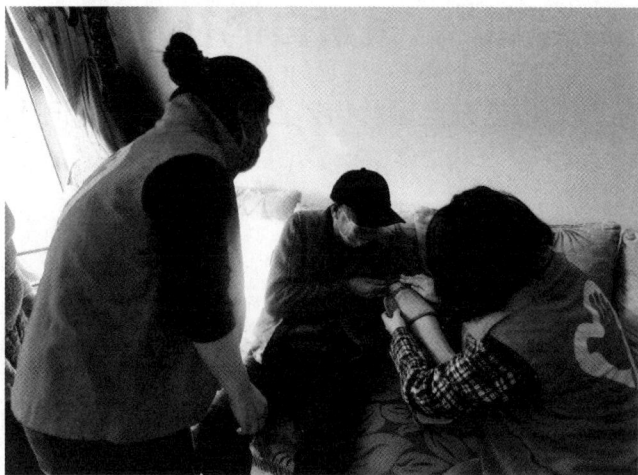

图2 送血压仪助力陈大爷微心愿

服务向纵深延伸，让辖区居民获得更多的安全感和幸福感。将社区工作融入万家灯火，把党的服务延伸到了千家万户，打通服务居民群众的"最后一公里"。

案例整理：王晓晴

党建"红纽带"，系紧白鸽社区老人幸福结

——鞍山市铁东区园林街道白鸽社区党委书记范阳

一、社区基本情况

园林街道白鸽社区占地面积 23 万平方米，辖区共有居民住宅楼 66 栋，206 个单元，户籍人口 10684 人，居民住户 4112 户，常住人口 6324 人，社区实际居住 60 岁以上老年人 2213 人，占实际居住人口的 35%，是一个老龄化较严重的社区。白鸽社区住宅楼多为 20 世纪 90 年代初建成，属老旧建筑，2022 年白鸽社区进行了老旧小区改造，通过改造使社区旧貌换了新颜，居民的生活环境及公用的设备设施都进行了改善。

二、学习收获体会

范阳是园林街道白鸽社区的党委书记。她于 2024 年 4 月 8—12 日参加了辽宁省委组织部举办的"社区党组织书记专题培训班"。为期五天的学习让她感受到各位专家、教授专业知识储备高深、专业能力高超。专家们将党的理论知识转化为通俗易懂的语言进行讲解，深入浅出的教学方式使学员能够真正地领悟、学习到专业理论知识和独到的见解，解决了基层人员在日常工作的疑问，同时也开阔了视野。全省同行之间不仅交流了学习的心得体会，也交流了在社区服务工作中的经验和成果，共同研究化解社区共性问题的工作方法，大家都受益匪浅。她以学习的态度对待工作，向专家、教授学习，向同行学习，向身边人学习，在学习中取长补短，在汲取好的经验的同时也

关注社区发展，加大工作决心让社区服务工作更进一步。

三、学以致用举措和成效

（一）党建引领，汇聚为老服务志愿力量

充分发挥社区党委的核心引领作用，以党的领导贯穿始终，精心编织"红色网格"。白鸽社区现有党员 1076 人，社区党委委员 5 名，下设 22 个党支部，社区大党委兼职委员 10 名，成员单位 7 个。此外，社区内的联合工会、联合团支部、妇女联合会、巾帼志愿者团队等群团组织共有 423 名会员。白鸽社区义务联防队、市律师协会公益与公共法律服务团队、白鸽社区老年艺术团 3 个社会组织也积极参与其中。这些力量共同构成了社区为老志愿服务的坚实基础，为开展各类为老服务活动提供了有力支持。

图 1　白鸽社区为老服务志愿队伍

（二）深耕阵地服务，点亮老人幸福生活

社区建立"每日访"工作机制，依据网格划分进行精细化管理。网格员通过电话、微信、入户等多种方式，与老人们保持紧密联系，确保特殊群体都能享受到贴心服务。在入户走访台账内的老人时，网格员会详细询问老人

的身体和生活状况，叮嘱老人保持愉悦心情、注重身体健康，同时积极宣传政府的惠民政策，让老人知晓遇到困难可随时向网格员和社区求助，社区一定会全力解决。

在关注老人安全方面，网格员为老人发放燃气报警器，并组织志愿者开展燃气安全培训，让老人深入了解燃气安全知识，提升自我保护能力。

图 2　社区为老年人提供生活服务

（三）丰富精神生活，共筑社区敬老新风

社区高度重视老年人的精神文明建设，积极创新活动形式，打造"文体型"社区党建特色品牌。借助"中秋""国庆"等重要节日，举办丰富多彩的系列活动，吸引众多居民和驻社区单位踊跃参与。同时，大力支持群众文体团体发展，组建白鸽合唱团、白鸽文艺团，这些团体多次在社会和社区组织的文艺演出中精彩亮相，丰富了老年人的精神文化生活。

社区借助宣传栏、邻里互助群等渠道，广泛宣传"奉献、友爱、互助、进步"的志愿服务精神，全力营造尊老敬老的浓厚社会氛围。社区老年课堂作为重要阵地，邀请各行业精英组成公益课堂义工讲师团，通过专题讲座、咨询指导等形式，聚焦老年群体共同关心的法律、科学养生、医疗保健、家庭教育等问题，为老人答疑解惑。

社区充分利用新时代文明实践站、文化广场等场所，开展歌舞表演、书法绘画展览、养生讲座等丰富多样、深受老年人喜爱的活动，既提升了老年人的参与度，弘扬了中华民族爱老敬老的传统美德，又增强了青少年的敬老意识，进一步提升了社区文化的吸引力，有力地推动了社区精神文明建设。

图 3　白鸽合唱团演出活动

（四）协同多方联动，助力困难老人帮扶

网格员在日常走访中，细致了解社区内经济困难老人的情况。社区党委积极联合结对单位、社区大党委成员单位，为困难老人开展救助活动，提供生活物资帮助。针对低保特困老人对老年辅具的需求，社区网格员主动发现并协助政府部门为他们进行适老化改造：在马桶旁安装"一"字扶手方便老人起身，在卫生间铺设防滑垫防止老人滑倒等。

社区还与慈善团体合作，定期组织志愿者走访困难老人，关注他们的生活状态，为其提供心理辅导、卫生清扫等服务，全方位帮助困难老人解决生活难题，有效改善了他们的生活状况，提高了困难老人的社会融入度，让他们获得更多社会支持，同时也增强了社区居民对困难老人的关注度，提升了老年人的生活质量。

图 4　共建单位走访困难老人

　　白鸽社区始终秉持居民服务型党组织建设理念，致力于让每一位居民都能享受到幸福生活。社区干部、党员和志愿者以党建为引领，以居民需求为导向，扎根社区一线，用心用情用力解决居民的急难愁盼问题，努力成为一心向党的践行者、一心为民的服务者，守护社区居民的幸福安宁。

案例整理：侯鸿楠

温暖"新"动，拓展老年人家门口的幸福

——本溪市平山区平山街道办事处组织员李晓彤

一、街道基本情况

平山街道位于风景秀丽的平顶山脚下，地域面积 3.21 平方公里，辖区内现有住户 17309 户，57000 人。街道下辖 6 个社区，67 个党组织，现有党员 2844 名，按照辖区实际划分 61 个党建网格，实现"网格 +"精准发力。

二、学习收获体会

李晓彤是平山街道组织员。2024 年 9 月，她参加了辽宁省委组织部、辽宁社区工作者学院举办的"辽宁社区工作者学院第三期街道副书记（组织委员）班"的学习。学习期间，培训班安排的"打造街道党建品牌推动高质量发展""基层党建工作创新案例解读""政府治理和社会调节、居民自治良性互动""基层治理体系和治理能力现代化"等课程以及到首创国际社区的实地参观，使她的业务素质和理论水平得到显著提升。她深刻认识到，基层工作不仅是政策的落实环节，更是直接服务群众、解决群众急难愁盼问题的前沿阵地。面对新时代基层治理的复杂形势和群众日益增长的多样化需求，必须在工作经验的积累中不断探索开展工作的新理念新思路新办法。在未来的工作中，她决心将服务群众、方便群众、造福群众作为自身工作的出发点和落脚点，始终坚持以人民为中心的工作导向。通过持续的学习与创新，更好地推动平山街道的党建工作与社区治理迈向高质量发展的新阶段，为居民创造

更加和谐、美好的生活环境。

三、学以致用举措和成效

李晓彤通过培训深刻意识到，养老服务不仅是社区工作的重点，更是践行以人民为中心理念的重要体现。她认识到，要让老年人在社区中真正实现"老有所养、老有所乐、老有所为"，必须充分发挥党建引领作用，整合各方资源，创新服务模式。平山街道自 2023 年以来，着眼辖区内老年居民人数相对较多的实际情况，聚焦老年群体的多元化需求，打造"党建+"助老服务模式，宽思路、多渠道地开展一系列特色服务活动，满足老年居民的精神文化需求，营造尊老、敬老、助老的浓厚社会氛围。

（一）搭建服务阵地，打造"家门口"的享老乐园

依托现有党群服务中心、新时代文明实践站等阵地资源，更新一站式服务大厅、图书角、乐器室、"红帆驿站"等功能室，用活"423"工作体系，提升面对面、精细化、高标准、一站式服务，探索"睦邻共治""青领党建"模式，用好党建阵地资源的同时，发挥"大工委"聚合作用、居民参与自治、新就业群体服务三方力量，形成共治互助共享的治理格局。联合辖区本溪万达商业管理有限公司共建"城市书房"，内有党建类、文学类、艺术类、科普类等各类藏书 2327 本，阅览坐席 15 个，同时配备图书自助借还机、大型触摸屏等智能化设备，打造出一方优质的阅读空间。

（二）提供多元服务，托起老年幸福"夕阳红"

将老年人的安全和健康放在心尖上。关注老年人走失的社会问题，携手本溪万达商业管理有限公司开展"照亮回家路、让爱不走失"活动，播放"黄手环"公益片和纪录片，为阿尔茨海默病老人发放"黄手环"25 个，构建适老惠老、应急有助的"养老服务圈"。加大普及健康知识力度，逢"七一"等特殊节日联合本溪市中医院、爱尔眼科医院等开展"健康义诊进社区"活动，医务工作人员耐心提供免费健康检查和一对一咨询服务，直接

受益居民 8130 人次，为居民身体健康保驾护航。

打开老年教育"新天地"。邀请专业老师在寒暑假期间志愿为居民免费开设诗歌朗诵、书法、乐器培训等课程，已组织课堂 35 次，并开展"迎中秋庆十一书法大赛""写春联送祝福"等特色课堂活动 5 次，建立"线上 + 线下"老年教育学习模式，依托本溪开放大学课程活动辅导和国家开放大学网络学习平台，在网格群内发放学习资料 1000 余份，组织开展手工制作、反诈宣传、文艺汇演等活动 200 余次，促进老有所学、老有所乐、老有所为。用爱心传递爱老助老的文明风尚，联合"岁月留声"公益行摄影组开展"岁月留声，关爱老人"公益行免费拍照活动，为辖区内 28 对 55 周岁以上的老年夫妇免费提供婚纱照拍摄服务，用镜头记录幸福瞬间，补回年轻遗憾。

图 1 "写春联送祝福"活动

图 2 "岁月留声，关爱老人"公益行免费拍照活动

（三）发挥榜样作用，持续绽放"银龄之光"

深入发掘并汇聚"银发人才"力量，利用政治优势和丰富经验，树立"红色榜样"。26 名老党员及志愿者一对一认领"红色楼道"责任区，并自发建立 5 个楼院的"板凳论坛""葡萄架下议事会"等聚议平台，收集并解决了居民烦心事 42 件。9 名老党员认领花坛，充当"红色园丁"，自费购买花苗栽种，为满院环境增色。5 名党员志愿成立"家门口管家"志愿服务队，利用自身技能特长，帮助维修小家电 65 件。100 余名老党员加入志愿者队伍中，参与辖区安全巡逻、反诈宣传、环境清理等日常工作中，展现新时代中国老年人的精神风貌。

通过以党建引领为核心，探索基层党建与养老服务深度融合的新路径，"服务一老"的党建品牌内涵得到了不断丰富，切实为辖区老年群体送去了温暖关怀，进一步构建了和谐美好的居住环境。

案例整理：王晓晴

温暖夕阳红，编织养老服务"幸福景"

——阜新市海州区站前街道建工社区党委书记张险峰

一、社区基本情况

站前街道建工社区现有常住人口1755户，4112人，现有党员192人。建工社区辖区的特点是老年居民众多，随着社区老龄化进程的加快，居民对于社区服务的需求日益增加。为了更好地服务社区居民，尤其是老年人，社区党委结合这一特点，充分发挥党组织政治核心作用，联合辖区单位等多方力量，建立多元参与的工作联动机制，形成"党建引领，多方面联动，多领域融合"的新风尚。真正汇聚起党建引领基层社会治理的工作合力，共同参与社区工作，共建幸福新社区，绘就最美夕阳红。

建工社区党委，与"大党委""千千结"共建单位携手社区党建；与辖区医疗机构紧密合作共促社区颐养；与辖区教育机构携手，共办社区教育；与红色物业携手，共创社区和谐；与文艺团体携手，共建社区文明；与网格员携手，共享社区服务。通过"携手"活动，提供全面的服务，提升居民的生活质量和幸福感。通过开展各类便民服务活动，确保老年人群得到及时有效的生活、健康支持。

二、学习收获体会

张险峰是站前街道建工社区的党委书记。张书记于2024年7月1—5日参加了辽宁省委组织部举办的第十二期"全省社区党组织书记基层党建助力全面振兴新突破三年行动省级示范培训班"。此次培训以专题授课、分组讨论、座谈交流、参观学习、集体学习互动等形式开展。为期五天的学习让他感受到教授经天纬地的知识储备，专家将党的理论知识转化为通俗易懂的语言进行讲解，为开展基层工作指引了方向。他深刻认识到，今后要注意取长补短，全方位采取措施和运用载体学会将劣质变优质，争取在低起点上作出成绩，在汲取好的经验的同时对社区发展充满信心，加大决心让社区工作更进一步。

三、学以致用举措和成效

（一）"医"心为民，筑牢健康防线

发挥"共建单位＋爱心药店"联动作用，整合各类医疗资源，建立医疗卫生共同体，将优质医疗资源延伸至社区。联合矿总院开展"健康万里行"医疗健康义诊活动，入户为行动不便老人进行义诊，与站前街道社区卫生服务站开展家庭医生签约宣传、老年人免费体检，定期邀请医学专家举办健康讲座，普及健康知识，提高居民的自我保健能力。各类活动的开展提高了辖区居民的健康意识和防病意识，为广大居民的健康生活增添一份保障。

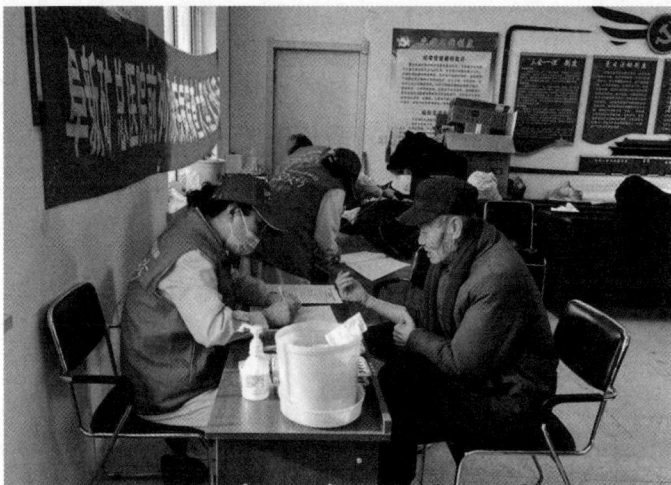

图 1 联合矿总院开展便民义诊活动

（二）网格暖老，守护夕阳温情

关注社区孤寡、独居、高龄老人的生活和健康状况及服务需求，让辖区高龄独居老人感受到社区大家庭的温暖与关爱，增强老年人的幸福感。持续深入开展空巢、高龄老人陪伴服务。作为服务群众的"最后一公里"，社区网格员定期对社区孤寡老人开展陪伴服务。2024年年初，社区网格员在对独居老人刘奶奶进行电话探访时发现老人电话一直打不通，于是立即到老人家中查看情况，敲门后听见老人说在屋里摔倒没办法开门，于是她紧急联系开锁工将门锁打开，发现老人正躺在客厅地上，她立即将老人扶起来，询问了老人身体情况，并立即联系老人在外地的儿子。在老人儿子到家之前，网格员担起了照顾老人的重担，为老人买来了生活用品、食品，并为老人清理身体，洗衣服、收拾屋子，安慰老人不要着急，有什么困难都可以和社区说，一直陪伴老人直到老人儿子回到家。

（三）"乐活"天地，奏响幸福乐章

图2 社区老年乒乓球队开展友谊赛

充分发挥社区活动室作用，丰富老年人业余生活，组织老年军乐团，吸纳辖区有兴趣的老年人参与乐团活动，在切磋技艺的同时，丰富居民精神文化生活，奏出对美好生活的热爱。同时乐队还会参加社区活动，给居民表演节目，丰富居民精神文化生活。打造乒乓球爱好者训练营地，定期举办乒乓球赛，营造"健康、和谐、运动"的社区氛围，还加强了社区与居民之间的联系，增强了辖区居民的幸福感、获得感和安全感。

（四）青春接力，传承敬老新风

建工社区不断壮大青少年志愿团队力量，组建晨星青少年志愿服务队，开展一系列敬老活动。少先队员们走进老党员家中，聆听他们讲述过去的故事，感受到老一辈党员默默奉献的赤诚情怀，深刻了解他们拼搏、吃苦耐劳、爱国爱家的精神。开展"红领巾服务进家园争做敬老助老小先锋"暑期社会实践活动，为空巢老人、高龄老人打扫家里卫生，聊天话家常，进一步弘扬尊老敬老的传统美德。

图 3　社区老党员给辖区青少年讲党史故事

案例整理：侯鸿楠

|第二部分|
宜居环境建设

社区是城市的基本单元，是居民生活的重要场所。在城市化进程加速与人民美好生活需要升级的双重背景下，社区宜居环境建设已成为基层社会治理创新的核心议题。社区宜居环境建设是以"人本化"为核心导向的系统工程，以空间改造为载体，以社会治理为手段，以人的全面发展为目标，以此实现物理环境改善与社会治理效能的双向提升，最终指向构建"人与自然和谐共生、人与人友好互动"的理想社区图景。

作为城市治理的末端单元和民生服务的前沿阵地，社区环境的优化不仅关乎居民生活品质的提升，更是实现社会和谐稳定、推动城市可持续发展的基础工程。首先，社区环境直接关系到居民的日常生活质量。一个宜居的社区能够为居民提供舒适、便利的生活条件，满足人们对美好生活的需要。其次，社区宜居环境建设有助于增强社区凝聚力。良好的生活环境能够促进邻里之间的交流与互动，形成和谐的社区氛围，使社区更具归属感和认同感。再次，从城市发展的角度来看，社区宜居环境建设是提升城市整体形象和竞争力的重要基础，有助于吸引人才和资源，推动城市的可持续发展，打造兼具安全性、便利性与舒适性的宜居社区。

新时代的社区宜居环境建设，既是民生工程也是发展工程，既需要制度创新也需要技术突破，为建设"全体人民住有所居、居有所安"的社会主义现代化国家贡献基层智慧。在实践中，社区宜居环境建设需要采取多方面的策略：一方面，要充分发挥社区党组织的引领作用，整合各方资源，形成共建共治共享的良好格局；另一方面，要广泛听取居民的意见和建议，让居民真正参与到社区建设中来，实现社区环境的共同改善。通过这些实践策略，社区宜居环境建设必将取得显著成效，为居民打造一个更加美好的生活家园。以下案例将深入探讨宜居环境建设在社区治理中的实践与成效。

从"忧居"到"优居"：党建引领老旧小区的华丽蜕变

——丹东市元宝区广济街道县前二社区党委书记王军

一、社区基本情况

广济街道县前二社区成立于 2000 年 12 月，辖区面积 0.05 平方公里。社区位于市中心繁华地段，是丹东市传统商业中心区，辖区内共有 18 栋居民楼，39 个单元，户籍人口 1164 户，2392 人。辖区内楼房均为 1994 年建成的老房子，水电气暖等基础设施老化严重，经常出现管道堵塞、漏水漏电、暖气不热等问题，影响居民正常生活。老旧小区老年人居多，60 岁以上的老年人占辖区总人数的 2/5，辖区内多为 8 层步梯楼，缺乏电梯、健身设施，绿化不足，楼道堆占严重，影响居民出行，存在火灾等安全隐患。

二、学习收获体会

王军是广济街道县前二社区的党委书记。王书记于 2024 年 9 月 2—6 日参加了辽宁省委组织部举办的"全省社区党组织书记基层党建助力全面振兴新突破三年行动省级示范培训班"。此次培训犹如一场及时雨，通过教授授课、分组讨论、参观学习、互动研讨等形式，为基层社区工作者提供了宝贵的学习机会和交流平台。为期五天的学习使她学到了许多创新的基层党建工作方法和策略，激发了她的工作热情，也增强了她做好基层党建工作的信心和动力。她深刻认识到，必须将所学所思所悟运用到实际工作中，以高度的责任感和使命感，努力开创社区党建工作新局面，提升社区服务水平，为全面振兴新突破三年行动贡献自己的一份力量。

三、学以致用举措和成效

（一）老旧小区"旧貌变新颜"

为提升老旧小区居民生活质量，2020 年 10 月县前二社区老旧小区改造工作开始，在"旧改"工作中，社区党委构建"街道党工委 + 社区党委 + 居民区党支部 + 小区楼栋长"4 级组织体系，以党组织为纽带沟通居民与施工方出现的问题。依据小区布局、楼栋分布及居民数量，辖区划分出 4 大网格，每个网格配备 1 名专职和 1 名兼职网格员，引入网格化管理模式，细化工作单元，提高改造效率和精准度。社区工作人员和网格员通过入户走访和居民座谈的形式征求居民改造需求与意愿，共收集有效信息 25 条，为制定改造方案提供有力保障。旧改过程中，网格员每日巡查分管网格内改造施工现场，记录工程进度、质量问题及安全隐患，发现问题及时反馈给施工方与相关部门。县前街 73 号楼外墙粉刷改造中，网格员巡逻过程中发现 2 层外墙墙体的粉刷存在质量问题，立即上报，施工方迅速返工，保障了工程质量。

面对改造过程中因施工噪声、占地等引发的矛盾纠纷，网格员联合社区工作人员、施工技术人员、志愿者及时介入调解，通过与居民耐心沟通，解释规划方案，成功化解 8 起矛盾，维护了社区的和谐稳定。在 51 号楼下水井改造过程中，住户张大娘发现井盖位置紧挨着自己家卧室窗户，恐有异味影响自己正常生活，阻止施工方进行工作，网格员第一时间到现场察看，将情况及时上报社区，社区人员立即与施工方上级单位——区城建局取得联系，并组织双方在现场进行了深入沟通。经过充分的交流和协商，施工方采纳居民意见，调整施工方案，按实地情况合理规划下水井位置，工人们重新铺设地面，确保井间衔接合理，既保障了排水顺畅，也消除了居民的顾虑。改造完成后居民们纷纷点赞。网格员与居民在改造过程中密切互动，彼此增进了信任与了解，社区凝聚力显著增强。

　　老旧小区改造后辖区环境得到了极大的改善，辖区内 18 栋楼进行了外立面墙面粉刷和外墙防水保温改造，对辖区内路面硬化、破损进行了修复，水电供暖管网进行了更新改造，排水系统得到优化，设置独立晾晒区、活动健身场地，增加了绿化面积 3 处，种植了花草树木，新增太阳能路灯 40 盏，在辖区高层楼旁建设规范化、标准化充电桩 2 处。老旧小区改造，改善了居民的居住环境，提升了居民的幸福感和获得感。

图 1　改造后的小区

（二）"梯"升幸福感，居民梦想终成真

　　对于老旧小区来说，加装电梯是一项繁杂又专业的事，"群众意愿是加装电梯的基础，各方协同是加装电梯的关键"，加装每一部电梯都需要深入楼栋找"症结"，各方协同开"处方"。在老旧小区改造初期，县前街 45 号楼居民第一时间向社区和办事处提出了申请，希望政府帮助协调加装电梯。可万事开头难，加装电梯遇到很多问题——挡光、拆违建、噪声大、安全隐患……如果这些问题不解决，居民达不成一致意见，加装电梯就没法按程序进行。为了能让居民们如愿实现"加梯梦"，社区党委在广济街道办事处党委的大力支持下，成立工作专班，工作人员夜以继日地入户与居民沟通协调，召开数次协调会商议加梯事项，尽可能通过协调达到共同利益最大化、

不良影响最小化。

热心居民刘叔是社区的一名老党员，也是45号楼的住户，考虑到楼栋老年居民多，电梯需求大，他主动不厌其烦地挨家挨户上门征询意见，向有关部门咨询相关政策和流程，向居民们解释加装电梯的安装总费用、分摊比例等，他还号召组建了居民加梯自管组织，对部分有反对意见的居民上门走访、查看情况、询问原因，积极发挥党员的带头引领作用。经过多方的努力，45号楼居民签署了同意安装电梯意向书。加装电梯现已正常投入使用，居民们多年来的电梯梦终于梦想成真。

图2 加装电梯后的居民楼

（三）新增充电桩，为民解忧保平安

电动车"飞线"充电、入室充电是老旧小区治理的顽疾，也是消防安全的头号隐患。为了从源头根治这一隐患，县前二社区网格中心在社区党委的带领下，发挥网格力量对辖区充电需求进行全面摸排，通过网格员入户走访、登记电动车牌照，充分了解居民住户的充电需求及意愿建议。社区邀请了区城建局领导、安装公司负责人、居民代表和党员代表一同召开基层民主协商议事会，同时组织大家一同到小区内进行实地勘察与选址，居民代表现场提出问题和疑虑，相关部门人员当场进行解答，最终协商一致确定了新建电动自行车充电桩的位置和施工日期。在各方的共同努力下，小区内成功安装了 2 处集中充电桩，有 24 个充电点位。此次安装的智能充电设备均为手机微信扫码充电设备，小区居民可以自主选择充电时间，设备标准电流输出，匹配用户原装充电设备，方便快捷，此外由充电桩建设方、社区保洁员对电动车集中充电区域进行日常监管，确保为居民提供安全的充电环境。小区内电动自行车充电桩的成功安装，解决了居民充电难、乱停车的问题，减少了火灾隐患，摆放整齐有序的电动车也美化了社区环境。

图 3　增设充电桩后的小区楼下

　　民生连着民心，民心凝聚民力，老旧小区改造是民生大事，同时也是民心工程，一张张笑脸、一声声肯定，见证着百姓可感可知可及的幸福生活。社区党建引领基层治理是一项系统工程，是一项光荣而艰巨的任务，让老百姓从安居走向宜居、乐居是基层治理的工作目标。社区工作者要持续探索实践，不断创新工作思路和方法，把党的政治优势和组织优势转化为基层治理的强大动力，为打造共建共治共享的社会治理格局，为实现人民对美好生活的向往作出自己的贡献！

案例整理：侯鸿楠

无毒社区齐守护，幸福家园共拥有

——锦州市黑山县黑山街道南湖社区党委书记杜娟

一、社区基本情况

黑山街道南湖社区成立于 1992 年，辖区内共有 30 个楼栋小区及 3 个平房区，居民 2674 户，6152 人。社区下设 2 个党支部，划分 16 个管理网格，组建 16 个居民党小组，共有社区党员 224 名。近年来，南湖社区以党组织为核心，积极开展"无毒社区"创建工作，构建了涵盖业主委员会、物业公司、驻街单位、社会组织、志愿者团体等多主体联动的防治体系，将禁毒环境治理的"神经末梢"延伸到每家每户，有效提升了居民对毒品危害的认识和自我保护意识，营造了良好的生活环境。在县禁毒委的指导下，社区成立了社区戒毒康复服务中心，设置"三区四室一宣传"功能区域，获评黑山县禁毒工作示范点社区。未来，社区将继续加大禁毒宣传力度，筑牢无毒防线，守护平安、和谐的"禁毒家园"。

二、学习收获体会

杜娟是黑山街道南湖社区的党委书记。在辽宁社区工作者学院学习期间，她收获颇丰。此次学习不仅让她系统学习了社区治理的先进理念与方法，更深刻领悟了多元共治的重要性。通过与各地同人的交流，她拓宽了视野，提升了对社会交往技巧的理解。她深刻认识到，作为社区工作者，必须不断创新治理模式，激发居民参与热情，将党的优势转化为治理效能。同时，这次学习也为她搭建了与同行沟通的桥梁，为未来社区间的合作奠定了坚实基础。她表示，今后将提升对社区综合环境治理的认识，以培训所学为后续工作注入新动力，期待将所学应用到社区实践中，推动南湖社区宜居环境治理迈上新台阶。

三、学以致用举措和成效

（一）发挥"红色"功能，助力社康人员重生

图 1　社区组织观看禁毒宣传片

针对社区内存在部分吸毒康复人员的情况，南湖社区充分发挥党建引领"红色"功能，强化党组织的战斗堡垒作用和党员的先锋模范作用，把加强理论武装建设摆在首位，积极组织调动多方力量，开展帮教活动，矫正吸毒康复居民的不良嗜好，引导其重回生活正途。吸毒康复人员往往面临社会歧视和排斥，社区通过常态化开展社会实践活动，拉近与他们的距离，带动社戒社康人员走进人群，多方接触，以景教人，帮助他们走出阴影，融入社会。辖区内派出所民警负责开展《中华人民共和国禁毒法》《戒毒条例》的法律法规宣讲，重点强调社戒社康人员应严格遵守社区戒毒康复协议规定，以及违反社区戒毒康复规定将要承担的后果。通过开展"平安关爱"行动，为社戒社康人员解决实际困难，降低复吸率，重燃他们对生活的希望。社区

医生为戒毒康复人员提供心理疏导，讲解吸毒危害及可能引发的疾病。同时，组织网格员、学生志愿者与康复人员共同开展"迎新春，写对联，送祝福""端午系五彩，巧手制香囊，传承祈安康"等节日文化活动，依托中华优秀传统文化，增强康复人员对社区的认同感和归属感。此外，为避免社戒社康人员与社会隔离，社区还联合劳动就业部门，为康复人员提供职业技能培训和"点亮新生"就业岗位招聘活动，帮助他们重新融入社会。

（二）凝聚"蓝色"血液，强化禁毒宣传教育

每年的 6 月份是禁毒宣传月，社区邀请禁毒警察带队，组织青年干部、社区党员、志愿者参加活动，深入中、小学校开展"无毒筑未来，远离毒品，珍爱生命，无悔青春，学生手工艺品展览"等多种形式的毒品预防教育宣传，覆盖人群 1000 余人次。活动现场，禁毒大队民警通过丰富多样的形式，向同学们深入浅出地讲解药物滥用的危害及防范知识。通过视频播放方式向居民们详细介绍毒品的种类、特点、危害等，展示了各类毒品的仿真模型，让同学们直观地认识到毒品的种类和特征。同时，结合社戒人员真实案例，以生动的语言揭示药物滥用对个人、家庭和社会造成的严重后果，引发同学们的深刻思考，有效强化青少年对毒品及药物滥用的安全防范意识，为打造无毒校园奠定坚实基础。

图 2　开展青少年禁毒宣传活动

（三）维护"绿色"家园，营造无毒健康社区

为打通禁毒"最后一公里"，社区网格员和戒毒康复志愿者常态化开展宣传活动，向居民发放宣传彩页、喷绘禁毒宣传语的小礼品。在活动现场，工作人员设置了咨询台，为居民提供面对面的答疑服务。他们耐心解答居民关于毒品识别、防范措施以及如何应对涉毒行为等问题，引导居民提高对毒品的警惕性，增强识别和防范能力。社区还通过宣传展板、禁毒视频播放等形式，生动展示毒品的危害，让居民更加直观地了解毒品对个人、家庭和社会的巨大破坏力。社区工作人员在宣传活动中积极呼吁广大居民行动起来，坚决抵制毒品侵害，共同守护无毒家园。他们鼓励居民积极参与禁毒行动，积极举报涉毒违法犯罪线索，形成全民禁毒的强大合力。为了巩固宣传成果，社区常态化开展居民小区的巡逻走访排查工作。网格员和志愿者定期对小区内的公共区域、绿化带等进行巡查，清理发现的罂粟花、虞美人等毒品原植物。对种植者进行批评教育，明确告知其种植行为的违法性和危害性，并立刻清理罂粟花、虞美人等毒品原植物，树立"绿色无毒，健康生活"的理念。

自社区戒毒康复服务中心成立以来，共接收社戒社康人员140人，社区为他们逐一建档管理，签署戒毒康复协议，组建帮教小组，制定学习课程，通过"电话＋检测＋面谈"的方式，定期了解他们的生活和心理状态，并组织他们参加志愿服务活动，让其感受到社区戒毒工作站对他们的关心。社区还整合家庭、公安、司法、卫生、民政、劳动保障等多部门力量，帮助吸毒人员在社区康复中心戒毒，认清毒品危害，重树生活信心。目前，南湖社区已有126人完成社戒社康期满解除，在档管理14人。未来，南湖社区将持续推进党建引领下的社区戒毒康复工作，打造无毒社区、无毒学校、无毒家庭，实现沉资源、强党建、聚民心的目标，形成"一社区一主题一特色"的治理格局，凝聚你我力量，共筑和谐社区。

案例整理：崔雨楠

打造"三零"工作室，赋能社区基层治理

——沈阳市铁西区昆明湖街道燕塞湖社区党委书记李智

一、社区基本情况

昆明湖街道燕塞湖社区成立于 2003 年 9 月，位于城乡接合部，下辖 1 个物业园区，80 栋居民楼，共有居民 5286 户，9980 人，辖区商户 139 家，辖区毗邻两大批发市场——盛发市场和水产市场。辖区人口众多，人员构成复杂，矛盾纠纷隐患较多。燕塞湖社区始终坚持党建引领，深入践行"两邻"理念，大力推进民生工程进社区，整合基层治理一张网，实施精细化、网格化管理。创新"党建＋网格"工作模式，打造"零事故""零案件""零纠纷"工作室，全面收集群众诉求，动态更新问题清单，解决居民群众急难愁盼的问题。

二、学习收获体会

李智是昆明湖街道燕塞湖社区党委书记。李书记于 2024 年 7 月 8—12 日参加了辽宁省委组织部举办的"全省社区党组织书记基层党建助力全面振兴新突破三年行动省级示范培训班"。此次培训以专题授课、分组讨论、座谈交流、参观学习、集体学习互动等形式开展。为期五天的学习让她受益匪浅，并将党的理论知识转化为社区实际工作方式方法，更好地创新社区发展模式，更高效优质地为社区居民服务。

三、学以致用举措和成效

（一）"零事故"工作室赋能社区基层治理

为全面贯彻落实党的二十大精神，聚焦基层风险隐患最突出的公共安全，燕塞湖社区以"零事故"为目标导向，建立社区安全直护、服务直达的工作室，做到"联合巡检，及时响应"，推动基层平安建设工作模式向事前预防转型。"零事故"工作室负责全社区安全生产、应急管理、防灾减灾和宣传引导工作，动态排查，发现隐患及时处理、及时上报。燕塞湖社区"零事故"工作室建立关阀行动微信群，累计排查处置安全隐患320处，全面提升社区安全治理能力。全面推进"12345热线进社区"工作，实行同网共治，真正做到"源头治理、排查化解"，切实将矛盾纠纷解决在基层。燕塞湖社区专职网格员每天上下午巡视两次，每次至少20分钟，推动群众诉求从"接诉即办"向"未诉先办"转变。

2024年3月初，专职网格员在进行网格巡查时，发现沈辽路一户门市装修私自拆改承重墙，造成极大的安全隐患。网格员第一时间在12345平台上报，联合行政执法入户执法，对施工人员工具进行扣押，通知业主三天内恢复原状。不到两天的时间，业主恢复完成并提供房屋安全鉴定书，确保了整栋楼的房屋安全。

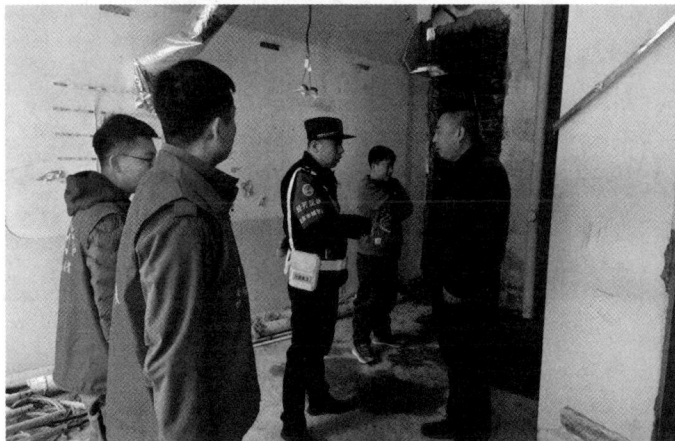

图1　"零事故"工作室安全排查

（二）"零案件"工作室赋能社区基层治理

"零案件"工作室实行"专群协同、联防联治"，利用民警、辅警、小区点长和社区网格员、志愿者等群防群治力量，实现重点人员动态管控，强化社区整体防控能力。"零案件"工作室建立街道—公安—社区三级包保机制，开展集中诈骗整治阶段，从源头上降低诈骗发案率。通过广泛宣传和动员，吸引居民志愿者参与到群防群治队伍中来。在日常工作中，社区专职网格员身穿红马甲，佩戴5G同传设备，联合群众治安联防队员在辖区开展社区巡逻，增加巡逻频次，提高见巡率。通过巡逻，及时发现安全隐患，并通过"联防联控"小程序及时上报，各部门及时解决问题，及时消除各类隐患，有效预防了各类违法犯罪行为发生。2024年5月份，联防联控志愿者在小程序上报，66号楼一户居民家中半夜经常听到孩子哭闹，怀疑有虐童事件发生。社区专职网格员立即联合社区民警上门走访，但业主不在家，周边住户也没人，为了防止意外发生，当晚再次入户。经调查核实，孩子本身有心理疾病，狂躁，平时家长也是尽量控制，白天都送到专业的心理矫治学校进行治疗，不存在虐童问题。

图2 "零案件"工作室开展反诈宣传活动

（三）"零纠纷"工作室赋能社区基层治理

昆明湖街道燕塞湖社区依托网格化管理机制，以 22 个网格微信群为载体，让网格员"铁脚板"直通"神经末梢"，通过线上和线下多渠道发现问题、解决问题，手拿一本民情日记，记百家情解百家事，形成及时发现、快速处置的闭环治理机制。以推进品质社区平安模块建设为抓手，依托"三所共建"工作模式，司法、信访、法院、派出所及机关干部等力量下沉"零纠纷"工作室，形成收集、登记、预警、化解、回访的闭环工作体系，让群众"进一扇门，办所有事"，确保"关口前移、重心下移"。促进社情民意收集，更好地服务群众，解决群众的困难问题。

将"评理说事点"融入"零纠纷"工作室建设，在"唠家常"的过程中，把居民的诉求反映出来，把矛盾纠纷化解在萌芽状态，形成了听百姓说事、为百姓办事、请百姓评事的工作机制。同时，"零纠纷"工作室常设心理咨询室，采用"线上＋线下"的服务方式对来访居民进行心理分析和心理疏导，对居民情绪波动以及婚恋、权益纠纷等进行疏导，为助力"零纠纷"建设提供了基础保障。36 号楼一业主入住后，发现家中窗户出现漏气发霉现象，一直同物业沟通，但并未得到有效解决，业主便拖欠物业费。为解决该事件，业主选择向"零纠纷"工作室求助，工作室主任了解到情况后，同社区民警、社区副主任上门走访察看，确定情况属实后，由工作室牵头进行三方沟通。在经过四次协调沟通后，双方达成和解，物业赔付业主 800 元维修窗户费用，业主将拖欠 5 年的物业费全部结清。

全面推进 12345 进社区，将居民进门提诉求变成社区入户找诉求，推动群众诉求从"接诉即办"向"未诉先办"转变，由被动受理变为主动发现，切实解决群众最关心、最直接、最现实的利益问题。2024 年 5 月 26 日，沈阳大风天气，社区专职网格员对沿街广告牌、高空坠物及容易出现安全隐患的区域进行重点排查。排查中发现 82 号楼的水泥台出现倾斜，有坠落的风险，再加上大风天气，极易引发安全事故。社区网格员第一时间设立警示提醒，提醒周边居民注意安全。同时在 12345 上报，联系专属网格员协同处理，进行紧急维修，不到两个小时，将安全隐患及时消除，确保了居民的

"头顶安全"。

图 3 "零纠纷"工作室开展普法宣传活动

服务群众工作，是社区基层治理工作的核心。没有好的队伍，服务工作就很难开展。燕塞湖社区致力于提升基层党组织的组织力和凝聚力，激发党员活力，充分发挥网格党组织的战斗堡垒和党员干部的先锋模范作用，凝聚网格力量。服务群众对结果满不满意，是检验社区基层治理的标准。燕塞湖社区党委全面贯彻落实党的二十大精神，坚持党建引领，深入践行"两邻"理念，做好"零纠纷""零事故""零案件"工作室建设，广泛发动社区内各级党组织、党员、劳模及志愿者等，充分调动每一位居民参与基层社会治理的积极性，提升居民群众的获得感、幸福感、安全感。

案例整理：崔雨楠

"小切口"破解"大课题"　打造基层宜居环境

——葫芦岛市兴城市宁远街道党工委副书记袁浩

一、街道基本情况

宁远街道位于兴城市区西南部，下辖行政村 8 个、社区 5 个，总面积 24.2 平方公里。街道户籍总人口数 41578 人，总户数 19529 户。现有基层党组织 49 个，党员 1550 人。街道现有耕地面积 6933.54 亩，以花生、玉米种植为主。2018 年，被兴城市委评为"优秀党委"。

二、学习收获体会

袁浩是宁远街道党工委副书记。2024 年 6 月，他参加了辽宁省委组织部、辽宁社区工作者学院举办的"全省街道党工委副书记能力素质提升省级示范培训班"第三期的学习。学习期间，培训班安排的各位教授、学者对政策理论、党建实务等内容的精彩讲解，组织参观和平新村社区，让他受益良多，加深了他对党的二十大精神的理解，明确了当前一段时期的工作方向和奋斗目标，深刻认识到辽宁全面振兴全方位振兴面临的实际问题和破题之路，为下一步在街道党工委副书记岗位上更好履职尽责提供了较大帮助。

三、学以致用举措和成效

宁远街道党工委不断夯实党建基础，围绕"抓党建强平安建设、乡村振兴、精神文明"的工作思路，依托"党工委精心谋划—村、社区党组织具体实施—党员干部模范带头—村、居民全程参与"工作模式，从一件件细致入微的小事做起，突出"四抓四强"工作主线，强化"小切口"破解基层治理"大课题"。

（一）"聚势赋能"，助推平安建设

宁远街道牢固树立"人民至上、生命至上"工作理念，落实命案防范治理责任追究机制，每月主持召开命案防范治理工作专题会议，坚持矛盾纠纷排查化解周例会制度，组织街道平安建设办公室、派出所、司法所、街道卫生服务中心及各村、社区负责同志共同参与矛盾纠纷排查化解，已排查化解各类矛盾 190 起，其中化解命案突出风险隐患 5 起。对 253 名社会风险隐患重点人员全部建立台账，强化监管。在司法、民政、医疗卫生等多家单位、机构大力配合下，妥善安置刑满释放人员，消除风险隐患。打造了 2 个基层法治建设示范点，通过普法宣传、评理说事、"三官两员一律"进村（社区）等有效抓手，让群众的事有地方说、有对象说、有渠道说。以西二村评理说事点为例，从设立之初的每月调解一两件，到最多时单月调解 11 件，村民从质疑到观望再到信任，倾注了村干部为民服务的良苦用心。

图 1　宁远街道西二村评理说事点

（二）"主动破题"，推进环境改造

宁远街道积极向上级部门争取资金 350 万元，实施生活基础设施补短板项目，新修水泥路面 27650 m²，占地 600 m² 的文化广场 1 座，垃圾收储设施 4 个，改善了村民出行难、环境差的问题。将环境卫生"常态抓"与"长效治"相结合，通过层层压实责任、强化宣传教育、现场直击督查等途径，投入 150 余万元，清理垃圾点位 450 余处 750 余吨；制发《宁远街道人居环境整治检查情况反映》20 余期，实施"花开宁远"项目，在临河南大街种植花卉 4000 余平方米；开展"净待花开"进社区活动，全方位整治 66 家无物业小区环境，组织党员干部 300 余人次深入无物业小区、辖区主要干道及背街小巷，清理积存垃圾和小广告；联合市综合执法局等多家单位，对占道经营、基础设施损坏等问题进行全面整治。

图 2　宁远街道打造临河大街鲜花大道

（三）"执笔作画"，彰显和谐文明

宁远街道坚持以党建为引领，以丰富文化活动为载体，结合工作实际，开展一系列内容丰富、特色鲜明的活动，丰富群众生活。组织"宁远街道首届正月十五灯谜会""新春送戏上门""浓情端午"等民俗活动 10 余次，弘扬中华民族传统文化。西关社区积极组织辖区及邻近街道、乡镇象棋爱好者切磋棋艺，邀请国家象棋大师与棋友对弈，在铿锵有力的落子声中，体现智力与毅力的双重较量，展现拼搏向上的良好精神风貌。东关社区的京剧爱好者组成秋韵艺术团，平时在社区专门开辟的场所进行排练，既丰富了精神文化生活，陶冶了情操，又吸引了更多的戏曲爱好者参与进来，团结在社区党组织周围。河畔社区"柔肩承重任 巾帼绽芳华"诗朗诵活动，充分展现了女性昂扬向上、奋发进取的精神面貌。通过一场场活动，宁远街道新时代文明画卷徐徐铺展，精神文明建设"一路生花"。

图 3 宁远街道首届正月十五灯谜会

民之安乐皆由治。基层是党联系群众、团结群众、组织群众、教育群众、凝聚群众的第一线，是国家治理的"末梢神经"，也是服务群众的"最后一公里"，宁远街道将不断抓牢抓实服务群众"小切口"，破解基层治理"大课题"，不断增强群众的幸福感、获得感。

案例整理：王晓晴

|第三部分|

社企合作

社区与企业的合作是以社区发展需求和企业发展战略为导向，社区组织与企业在平等自愿、资源共享、优势互补的基础上，通过多种形式开展协作活动，共同参与社区建设、服务与发展的过程。在这一合作模式中，社区组织作为基层社会的自治主体，整合社区内的人力、场地、需求信息等资源；企业则凭借自身在资金、技术、管理经验、专业人才等方面的优势参与其中。双方围绕社区基础设施建设、公共服务供给、文化活动开展、就业创业促进、环境保护等多个领域展开合作。

社区与企业合作意义深远。社区与企业的合作，既是资源互补的必然选择，也是推动社会和谐与可持续发展的重要途径。对于社区而言，企业的参与为社区建设注入了新的动力。企业的资金、技术和人力支持，能够助力社区改善基础设施；在社区服务方面，企业可以与社区合作开展就业培训，提高居民就业能力，缓解就业压力；还能共同举办各类文化活动，丰富居民精神文化生活，增强社区凝聚力。对企业来说，与社区合作有助于树立良好的企业形象，提升品牌美誉度，获得社区居民的认可与支持，为企业发展营造稳定的外部环境，拓展潜在市场。此外，社区与企业的合作还能够促进社会资本的积累，增强社区的凝聚力和居民的归属感，推动形成共建共治共享的社会治理格局。

　　总的来说，社区与企业的合作不仅是资源整合的有效方式，更是推动社会进步的重要力量。这种合作模式既体现了社会发展的新趋势，也为构建和谐社会提供了新的思路。以下案例将主要体现社区与企业合作在社区治理中的实践经验与成效，为未来的社企合作提供借鉴与启示。

社区"商社联盟":"小切口"服务"大民生"

——本溪市溪湖区彩屯街道彩进社区党总支书记张宏麒

一、社区基本情况

彩屯街道彩进社区位于彩屯重型北路,隶属于本溪市溪湖区彩屯街道办事处,成立于 2006 年 11 月,占地面积 0.7 平方公里,是一个回迁新区。社区现有 25 栋住宅楼,居民 1727 户,5201 人。彩进社区党总支现有党员 98 人,在职党员 34 人,下设 5 个楼栋党支部,10 个党小组。彩进社区有"三多",下岗失业人员多、退休人员多、困难家庭多,在此居住的居民以彩屯矿退休人员和老城区拆迁安置人员为主。彩进社区党总支聚焦"小切口"服务"大民生",夯实"商社联盟"品牌,实施"党建 + 商社 + 网格"三级联动治理模式,积极引导辖区居民、商户参与基层治理,加强社区、商户、居民之间的联动纽带,形成网格特色化、管理精细化、服务全方位的基层治理新格局,不断提升居民群众归属感、幸福感。

二、学习收获体会

张宏麒是彩屯街道彩进社区的党总支书记。张书记于 2024 年 5 月 6—10 日参加了辽宁省委组织部举办的"全省社区党组织书记基层党建助力全面振兴新突破三年行动省级示范培训班"。此次培训以专题授课、分组讨论、座谈交流、参观学习、集体学习互动等形式开展。为期五天的学习让他系统学习了最新的社区治理政策与理论,对"共建共治共享"的社区治理理念有了更深刻的理解。

三、学以致用举措和成效

（一）多方联动　搭建商户交流平台

图 1　"商社联盟"发牌签约仪式

彩进社区党总支以"一老一小"为服务主体，围绕"治理创新"和"服务升级"两条主线，通过社区党总支搭台、商户服务、居民参与、良性互动的方式，将辖区个体工商户、社会组织、非公企业、新的社会阶层吸纳为社区"红色合伙人"，联动资源，多方受益。积极构建一纵一横"商社联盟"共建共治共享新格局。纵向上，形成商社联盟体系。以社区党总支为核心，以辖区爱心商户为骨干，吸纳一批资质较好、诚信自律、热心志愿的企业商户进联入盟，由社区党委书记担任商社联盟委员会主任，明确商居联盟组织联动、问题联解、活动联办、资源联用、服务联享的共建模式，切实将企业商户纳入基层网格治理体系。目前，共吸纳 11 家商户。横向上，加强商社联盟互动。建立网格上议事、自治共管、分类而治的运行机制，搭建"红色合伙人议事厅"，由社区、商户共议，解决发展难题。开展了"暖阳送健康义诊""暖心大集""百姓大舞台""趣味运动会"等特色活动，拉近了商社、商居关系，有效激发了商居群众积极参与志愿服务活动和社区治理的热情。社区签订睦邻伙伴协议书 11 份，开展义演 1 场、义诊义剪 4 场次、特色活动 13 次。通过开展活动，让社区有了商业资源、让商家有了更多客户、让居民得到了实在优惠，实现了社区、商户、居民三方共赢的良性互动。

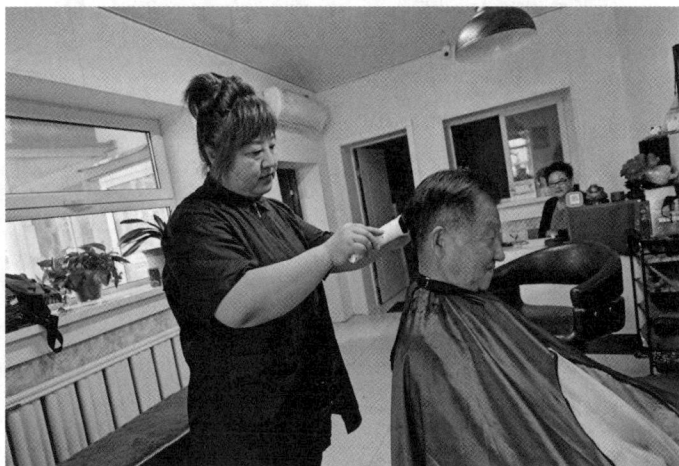

图 2　"商社联盟"薇薇发廊为辖区老人免费义剪

（二）建设安全环境　提升商居服务标准

彩进社区党总支带领辖区党员到商家进行实地走访，倾听商家心声，了解商家的经营状况和服务需求，实实在在为商家排忧解难。通过"红色合伙人议事厅"，商家代表们也踊跃提出了自己在经营中遇到的困难以及对社区建设方面的希望和建议。2024 年通过"红色合伙人议事厅"解决了停车难的问题，社区党总支召开会议，小区物业、商户代表参加，会议中商户代表将顾客停车难的问题进行了反馈，物业在不影响小区业主停车的前提下，提出了合理化建议，最终在社区与物业研究下解决了停车难的问题。不定期开展商户网格大走访，做到商户现状、员工基本情况摸排到位，惠企政策、民生服务政策宣传到位，商户用电、用火、用气及消防安全检查到位、演练到位，为商户安全生产经营、经济平稳发展提供有力保障。"春节临近，用电用气一定要注意安全。"社区网格员常态化开展消防安全检查，向商户经营者宣传、普及安全知识，从思想上增强安全意识，引导他们定期开展自查自纠，提高防风险、除隐患的能力。

图 3 "商社联盟"常态化检查商家消防安全

（三）开展文化活动 加强商民沟通互动

彩进社区商社联盟围绕"互利＋邻里＋志愿"理念，建立志愿服务队，进一步延伸服务触角，积极推动公共文化服务进入商社。通过活动与商社进行深度绑定，突出商家进小区睦邻集市、商社联盟运动会等特色板块，打造特色商社，扩大受众群体，为商社引流提供强力支持。社区积极联系开展了"商社邻里共建·幸福社区同乐"趣味运动会，让商户、居民共同参与，实现"商社联盟·社区同乐"。累计开展联盟会、文化活动 5 场次。同时，商社联盟志愿服务积极参与"创城"工作，实现共驻共建。修缮小区破损道路 1 条、清理乱堆乱放 2 处、清理小张贴百余条，通过活动的开展改善了居民的生活环境，为"创城"贡献出一份力量。通过打造"商社联盟"志愿服务，探索社会治理多元主体深度参与基层治理模式，进一步提升社区共建共治共享水平，增强群众的获得感和满意度。

图4　"商社联盟"春节写福字送吉祥活动

　　彩进社区党总支坚持党建引领深耕网格治理，以特色网格打造为突破口，聚焦商户和居民实际需求，加强社区、商户、居民之间的互联互通，达成资源互通、促进资源共享，让商家真正得效益、居民真正得实惠，让基层治理更接地气、更有活力、更具温度。

案例整理：崔雨楠

社企联建共发展　凝心聚力促振兴

——鞍山市铁西区大陆街道曙光社区党委书记王婉童

一、社区基本情况

大陆街道曙光社区，是一个以物业小区为主的社区，有居民 25075 户，37725 人，共 13 个物业小区，涉及品牌物业：万科物业、龙湖物业、泰营物业、金地物业、润泽物业、晟世物业，10 栋老楼（保障型物业），社区与这些物业共同完善服务群众功能、促进稳岗就业、帮扶弱势群体、优化宜居生活环境、健全社区治理机制等。基于社区物业企业较多，社区居民体量较大，结合实际情况开展社区和物业企业、驻街各类企业联建，帮助企业解决各类问题和诉求，共同参与基层治理建设，凝心聚力促发展。

二、学习收获体会

王婉童是大陆街道曙光社区党委书记，她于 2024 年 5 月 20—24 日参加了辽宁省委组织部举办的"全省社区党组织书记基层党建助力全面振兴新突破三年行动省级示范培训班"。此次培训以专题授课、分组讨论、互动沙龙、参观学习等形式开展。为期五天的学习使她感受到培训的必要性，老师们将党的理论知识转化为通俗易懂的语言进行传授，她很荣幸被选为优秀学员代表进行发言，并提升了她的表达能力，受到了辽宁省社区工作者学院的来函表扬，备受鼓舞。王书记深刻认识到，必须合理运用本次所学知识，在汲取优秀社区好的经验的同时也应发挥出曙光社区的优势，发掘曙光社区的亮点，全心全意打造好本社区的特色。

三、学以致用举措和成效

（一）召开联席会议　协同社企行动

社区创新构建"政企互联"共建共治平台，通过建立常态化联动机制与企业定制化服务清单双向互动，打造集需求收集、资源整合、项目落实于一体的全链条协作体系。社区联合辖区龙头企业万科物业建立"红色议事厅"，实施"72 小时响应机制"，针对小区治理痛点形成三项攻坚清单：通过 48 小时紧急抢修完成小广场地面修复工程；运用"党建联建 + 网格联动"模式，3 日内促成街道环卫所与物业达成垃圾清运点位优化方案；借力"企业出资 + 社区规划"模式，30 天内建成 3 处集绿化景观与休闲功能于一体的"口袋花园"，形成"环境提升—物业口碑—社区凝聚力"的良性循环，实现基层治理效能与营商环境双提升。

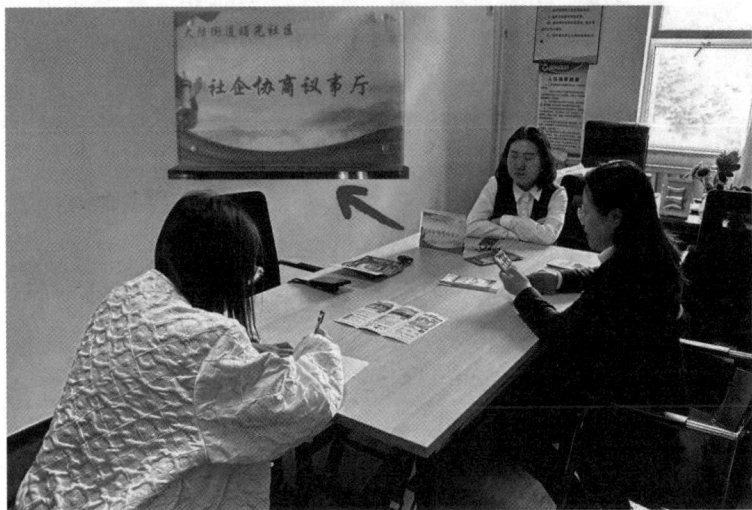

图 1　社区工作人员和两位物业经理召开协商议事会

（二）培育营商环境　助力社区企业发展

社区党组织把党建引领寓于服务中，创造良好环境，服务企业、引领企业，促进企业健康发展。在社区"红色议事厅"的联动机制下，社企联建正催生出共建共治的鲜活实践。当万科物业因广场道板破损引发居民广场舞纠纷时，社区党委书记迅速启动"企业吹哨　部门报到"机制，联合街道城建科、市场监管局及综合执法队搭建协商平台。最终促成超市出资 10 万元修复 1000 平方米场地，既解决了群众健身需求，又让万科物业在 3 个月内物业费收缴率提升了 28%。这起纠纷的化解，意外开启了社区与企业的深度合作——在后续的百年华府私改楼院整治中，社区再次运用"党建联建 + 网格联动"模式，协调龙湖物业与 20 余户居民达成共识，彻底消除安全隐患。

着眼企业运营痛点，社区创新推出"民生服务包"。针对万科物业周边车位线模糊难题，社区联合交警部门重新施划 200 个标准化车位线，每年为居民避免近千次违规处罚。寒冬降雪时节，社区调用除雪设备连夜清理万科地下车库出入口积雪，保障了 300 余辆车辆的安全通行。这些看似细小的服务举措，却让万科物业在业主满意度测评中跃升至全市前五。而由社区牵头组建的"小红帽护校队"，每天早晚高峰时段守护南宁幼儿园与实验学校之间的"安全走廊"，不仅化解了人车混行的交通危机，更塑造了社区与

图 2　万科物业修复广场道板

企业携手护航学生成长的暖心形象。如今，这些"双向奔赴"的合作模式已延伸至龙湖等 7 家物业公司，让社区治理的"最后一公里"变成企业发展的最佳助力。

（三）企业积极反哺　助力社区建设

社区党组织充分帮助企业、引领企业增强认同感和归属感，主动支持参与社区建设。当万科物业提出"智慧服务升级"需求时，社区党委书记牵头成立专项工作组，联合企业技术团队历时两个月研发出"凤梨一号"智能终端。这款集居住证明开具、物业缴费、人脸识别等9项功能于一体的服务机，不仅实现24小时不间断服务，更让老年群体通过语音引导完成操作。揭牌仪式当天，76岁的张大爷在志愿者的帮助下，仅用3分钟就办好了孙子入学所需的居住证明，大大提升了居民日常事务的办理效率。

面对企业用工需求与居民就业焦虑的双重课题，曙光社区创新打造"就业服务驿站"。通过建立劳动力数据库与企业岗位需求清单，精准匹配。社区工作者王莉的笔记本上记满了密密麻麻的对接记录：从组织大鸟快餐面向下岗职工的定向招聘会，到联合花鸟鱼市场为转岗人员开设的电商直播实训班，2024年已促成52人与辖区企业签订劳动合同。在"春风行动"专场招聘会上，应届毕业生李晓琳与龙湖物业的人力主管面对面交流时说："社区搭建的这个平台，让我们找工作就像逛超市一样方便。"

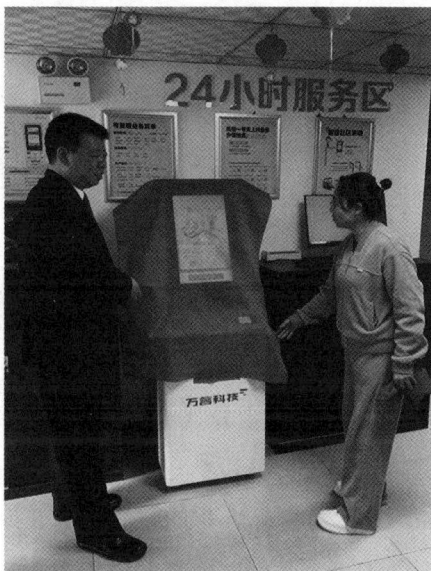

图3　"凤梨一号"揭牌仪式

曙光社区根据劳动力富余情况，牵线搭桥为企业提供临时和长期劳务输出，按需求开展各类招聘会，目前对接辖区内企业万科物业、龙湖物业、大鸟快餐、花鸟鱼市场开展招聘活动10余次，招聘人员50余人次，协助铁西区人力资源和社会保障服务中心开展招聘会27场，帮助社区居民实现"舒心就业"。

以文化活动为纽带，社区与物业共同编织起"服务网络"。每逢传统佳节，万科物业的管家们都会带着社区准备的饺子宴走进楼栋，听居民讲述家史；夏令营活动中，孩子们在志愿者指导下为独居老人录制节日祝福视频，浓浓的邻里情谊在镜头前流淌。最令人动容的是"银龄数字课堂"，龙湖物业的年轻员工手把手教老人们使用智能设备，当张奶奶第一次用手机视频通话见到外地求学的孙女时，眼角的泪光让在场所有人都红了眼眶。这些流淌着温情的场景，正是社区与企业共建共治的最好见证。曙光社区共开展节日活动 12 次，大型联欢晚会 5 场，助老免费体检 7 次，少儿夏令营活动 2 次，互动亲子活动 15 场，在提升居民生活幸福感的同时，使企业更加了解居民需求，最终实现社企双赢。

图 4　社区与万科物业企业共同开展少儿漆画活动

曙光社区的社企联建工作已开展 2 年，在社区党建引领之下，社区通过对企业的"帮助"实现了与企业的"共治"，社区与企业共建共治共享，不仅增强了居民归属感，更促成企业员工与居民组建志愿服务队，形成"企业服务社区、社区反哺企业"的良性循环，为打造完整社区、发展社区经济奠定良好基础。

案例整理：崔雨楠

社企携手"六联"共治，绘就社区新画卷

——锦州市凌海市大凌河街道白塔社区党委书记刘微

一、社区基本情况

大凌河街道白塔社区成立于 2020 年 9 月，位于凌海市辽西九华山风景区旁，辖区面积 1.2 平方公里，由 4 个居民小区构成，常住居民 5465 户，13350 人。社区党员 86 人，工作人员 18 人，辖区内划分 14 个网格，每个网格配备专职的网格员，区域内商业网点 282 户，社区办公面积 476 平方米，设有社区党群服务中心、新时代文明实践站、社区多功能活动室等多种站室，地理位置优越，交通发达，居民生产生活便利，求学就医方便，是一个适应现代化要求的新型社区。

二、学习收获体会

刘微是大凌河街道白塔社区党委书记。她于 2024 年 5 月 13—17 日参加了辽宁省委组织部举办的"全省社区党组织书记基层党建助力全面振兴新突破三年行动省级示范培训班"。此次培训涵盖了社区治理的各个方面，以专题授课、分组讨论、座谈交流、参观学习、集体学习互动等形式开展。为期五天的学习使她受益匪浅，感触颇多。老师们分享的先进经验和成功案例，让她打开了工作思路，明白在面对复杂多样的社区事务时，要善于创新方法、整合资源，一个和谐、高效的社区工作团队对于推动各项工作顺利开展至关重要。她还学到了许多切实可行的工作方法和技巧，例如如何与居民更

好地沟通交流、如何有效地协调各方资源，这些收获不仅提升了她的业务能力，也增强了做好工作的信心。回到岗位后，她将所学知识运用到实际工作中，努力提升社区服务水平，推动社区和谐发展。

三、学以致用举措和成效

2020 年社区成立后，作为社区党委书记，刘微首先熟知社区内的基本情况，每天通过下片、入户、走访的方式，了解到辖区内有六家非公企业，每家企业内都有党员，由于企业组织活动形式单一，党员的参与度不高。摸清情况后，她主动上门与六家企业负责人进行沟通、交流，希望联合起来共同开展党建活动，成立社企联建党支部。经过多次沟通，终于达成共识，共同制定了相应的规章、制度、服务内容、活动方式等，形成共建、共治、共享的基层治理新格局。

2022 年年初，白塔社区与六家非公企业正式签订"党建结对联建"协议，按照组织生活"联过"、活动阵地"联建"、思想工作"联做"、社区服务"联办"、卫生文明"联抓"、党建成效"联评"六联共治工作法，实施"社企联建"区域化党建新模式，翻开了社企共建新篇章。通过社企联建，进一步加强了社区与共建企业的沟通和协作，强化了党员守初心、担使命的意识，共同提升党建工作水平，形成社企互助、团结向上、促进发展的双赢局面。同时这也是锦州首个"社企联建"党支部，代表锦州市参评了"辽宁省制度性创新成果评价项目"。

（一）组织生活"联过"

把党旗插在项目上，联手抓党员教育，由"单打独斗"变为"协同作战"，推动党建工作和项目发展同频共振。为贯彻落实习近平总书记到辽沈战役纪念馆考察时的重要讲话精神，守护红色家园，传承红色精神，喜迎党的二十大的胜利召开，2022 年 9 月 27 日上午，大凌河街道白塔社区党支部携手多家社企共建单位党员共同参观爱国主义教育基地——辽沈战役纪念馆，开展"凝心聚力强党建，社企共建促融合"主题党日活动。

图 1 开展"凝心聚力强党建，社企共建促融合"主题党日活动

（二）活动阵地"联建"

社区帮助企业制定"提升企业文化、打造企业品牌"的"金点子"，社企共同商讨"奉献真情、回报社会"等公益活动。通过"契约化"共建制度，优化深化细化"社企共建"党建共同体，党支部共同协助，全程服务跟进，实现党建联盟由"肩并肩"到"手挽手"再到"心连心"。

企业党员人数少，活动单一，党员参与度不高，与社区共建后，活动形式多样，丰富多彩，这样不但提高了党员的参与热情，还增强了企业的凝聚力。同时企业给社区提供一些经济上的支持和帮助，社企双方互利互惠，实现了资源共享，优势互补，共同发展。

（三）思想工作"联做"

凝聚社区各方力量，增强居民对社区事务的认同感与参与度，化解矛盾纠纷，营造积极向上、和谐稳定的社区氛围，促进社区治理水平提升。

社区定期组织党员、居民代表、企业员工等开展思想政治教育活动，邀请党校教师、专家学者进行专题讲座，学习党的路线方针政策、时事政治等内容，提高社区居民的思想政治素质和政治觉悟。开展社企党员、职工骨干"党史学习教育流动课堂"，社企共同举办"学百年党史 唱经典红歌"主题文艺汇演，为职工送去文化大餐，以党建带出群团新活力，激发党员和职工干事创业的激情。

针对不同类型的矛盾纠纷，组织由社区党员、志愿者、法律专业人士、心理咨询师等组成的联合调解小组进行调解。在调解过程中，充分发挥各成员的专业优势和特长，从不同角度进行劝解和疏导。结合重要节日、纪念日以及社区中心工作，共同确定宣传主题，如"弘扬社会主义核心价值观，共建和谐美好社区""文明社区，你我同行"等。在春节、端午节、中秋节等传统节日期间，联合举办丰富多彩的文化活动。

图 2　社企共建文艺演出活动

（四）社区服务"联办"

社区是居民生活的基本单元，企业是经济发展的重要力量。在社会多元化发展的今天，社区与企业联办服务，能够整合双方资源，满足居民多样化需求，提升社区整体服务水平。

社企共同聚焦经济发展、社会治理、为民服务等主题，通过"我为群众办实事"筛选结对帮扶重点项目，与社企代表共同走访慰问老党员、因病致贫特殊家庭，为他们送去温暖与关爱，送上慰问品，鼓励他们要勇敢面对生活，有任何困难随时与社区联系。与优秀企业共同开展适龄居家妇女免费公益课堂，让辖区妇女能通过培训找到适合自己的工作机会。

图 3 开展"花香伴笑颜 共叙夕阳情"插花活动

（五）卫生文明"联抓"

提升社区治理能力，打造温馨文明、干净整洁、安全祥和的辖区环境，联建单位全力支持社区做好燃气排查、平安建设、文明城市创建等工作，实施齐抓共管，联建双方面对面交谈、心贴心交流。

社区工作人员与企业员工志愿者、居民志愿者一起开展环境卫生大扫除活动。重点清理社区道路、楼道、绿化带、公共活动场所等区域的垃圾、杂物、小广告等。针对一些长期被忽视、容易堆积垃圾的角落，如废弃厂房周边、老旧小区的边角地带等，制定清理计划，进行清理。社区开展垃圾分类宣传活动，通过举办讲座、发放宣传资料、设置宣传展板等方式，向居民普及垃圾分类知识，提高居民的垃圾分类意识。

（六）党建成效"联评"

社企联建推动党建引领更深入，覆盖范围更全面，服务提质更有效。助力党建引领基层治理由"独角戏"变为"大合唱"，服务由"碎片化"变为"整体化"，担当社会责任由"有限小"变为"无限大"。社区和企业党建双双提质增效。

注重发现和挖掘社区内的先进典型人物和事迹，包括热心社区公益的居民、积极履行社会责任的企业、优秀的社区工作者、志愿服务团队等。通过走访调研、居民推荐等方式，收集先进典型的相关信息和资料。利用社区宣传栏、线上宣传、社区广播等多种渠道，对先进典型进行广泛宣传，展示他们的先进事迹和精神风貌，发挥榜样的示范引领作用。同时，定期组织召开表彰大会，对先进典型进行表彰和奖励，颁发荣誉证书、奖品等，激励更多的居民和单位参与到社区建设中来。例如，评选"社区之星""最美企业""优秀志愿者团队"等，在社区内形成学习先进、争当先进的良好风尚。

为进一步强化社企联建工作，更好地服务基层、服务群众，实现党建联盟、资源共享、优势互补、共同发展，白塔社区将与辖区内六家企业继续开展联动共建活动，让更多居民享受到社区党建成果，切实为群众办好事、办实事，提高居民幸福指数。

案例整理：侯鸿楠

"红色物业"开启社区服务新征程

——辽阳市白塔区南门街道南光社区党委书记李雪

一、社区基本情况

南门街道南光社区位于八一街，东至通汇驾校西侧外墙，南至香港花园，西至曙光村，北至八一街，辖区面积0.55平方公里。现有在籍户数4388户，常住人口1596人。社区党委下设4个党支部，共有党员112名。社区党委实行七委制，共有社区工作者11名。社区场所面积976.56平方米，具有党员教育、文化娱乐、日间照料、纠纷调解等诸多活动室，为居民提供全方位精细化服务。社区先后荣获"辽阳市示范社区""辽阳市白塔区先进基层党组织""辽阳市白塔区征兵宣传先进社区"等荣誉。

二、学习收获体会

李雪是南门街道南光社区的党委书记，于2024年5月27—31日参加了辽宁省委组织部举办的"全省社区党组织书记基层党建助力全面振兴新突破三年行动省级示范培训班"。此次培训以专题授课、分组讨论、座谈交流、参观学习、集体学习互动等形式开展。经过五天在东北大学辽宁社区工作者学院的培训，她深感此次学习对提升专业能力与理解社区工作的重要性有着不可估量的影响。本次培训不仅让她系统地了解了社区工作的理论基础，还通过实践案例分析，加深了对社区服务实际问题的认识和解决策略的理解。通过学习，她认识到社区工作不只是日常的管理和服务，更是一种深入群众、服务群众的政治实践。要始终把居民的需求放在首位，用心倾听他们的声音，积极回应他们的关切。

三、学以致用举措和成效

辽阳市襄平物业服务有限公司党支部是南光社区党委下设的党支部，成立于 2021 年 11 月，现有党员 10 名（含预备党员 2 名），是一支有信仰、有朝气、有担当、有作为的党员队伍。党组织书记熟悉党建工作，作用突出，党组织成员与管理层"双向进入、交叉任职"。在白塔区委社会工作部、南门街道党工委、南光社区党委的指导下，襄平物业党支部始终以解决社区居民切实需求为党建工作的出发点，在社区党委的引领下，积极打造"红色物业"党建品牌，不断激发党建红色引擎作用，从简单粗放向精准发力转变，精细指导，精准施策，将党建活动落到百姓身边，落到群众心坎上。

（一）多方决策，汇聚众智扩大服务覆盖面

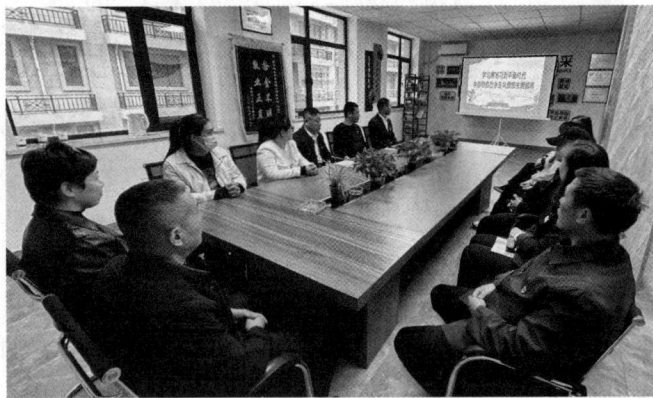

图 1　襄平物业党支部书记讲党课

在社区治理中，党组织、襄平物业党支部充分发挥作用。党组织牵头定期召开民主协商会议，联系多方代表共同探讨解决小区矛盾，经协商设立自助洗车厂，完善了小区功能，获得居民认可。襄平物业党支部以"共商、共建、共享"为导向，邀请多方力量参与辖区重大事项协商决定，提升决策的科学性与民主性，逐步扩大物业服务覆盖率。同时，党支部建立完善监督机制，每月公示物业服务信息，每季度邀请由社区相关人员组成的监督小组召

开会议，通过问卷形式调查居民对物业服务的满意率，以此了解居民意见建议，针对性提升服务水平，成为居民贴心人，推动"红色物业"服务质量持续提高。

（二）协同治理，破解难题提品质

襄平物业党支部与南光社区党组织紧密协作，共同处理物业在服务居民过程中出现的问题。如，有业主反映香榭里 5 号楼南侧存在一处临时垃圾场，严重影响生活。双方迅速共享信息，经协商后取缔了该垃圾场，有效提升了业主的生活品质。

为进一步强化基层治理，双方通过建立襄平物业党支部，完善红色阵地，设立居民议事厅。这一系列举措推动了物业服务管理水平不断提升，实现了党建与物业服务的深度融合，切实打通了基层治理的"神经末梢"，增强了业主的幸福感和获得感，让"红色物业"的服务既有特色又充满温情。

图 2　南光社区党委、襄平物业党支部、新华派出所、辖区代表协商议事

（三）便民服务，聚焦需求解民忧

襄平物业党支部致力于为居民提供有温度、有感情的物业服务，着力解决居民最直接、最现实的问题。在日常服务中，党支部定期举办免费健康问诊活动，为残疾人就医提供便利，同时为年轻业主排查电线线路安全隐患。此外，每年春秋两季，物业还会为业主免费磨刀。

针对业主生活中的各类琐事，物业也贴心关怀。业主生日时，送上祝福彩灯和喜蛋；业主家中门窗、灯泡损坏，工作人员上门维修；对于年长业主在智能手机使用上的困扰，物业提供专门辅导。在小区出入口，便民工具箱、小药箱、雨伞、轮椅、宠物拾便箱一应俱全，方便业主随时取用。物业工作人员还主动帮助行动不便的老人抬轮椅下楼、测量血压、搀扶老人上床，为快递小哥、外卖员、环卫工人提供休息场所和热水。这些精细化服务，充分展现了襄平物业党支部的独特优势。

（四）节日活动，增添仪式暖民心

在传统节日期间，襄平物业党支部精心策划了丰富多彩的暖心活动。元宵节，组织猜灯谜活动并赠送元宵，让业主感受节日的欢乐氛围；母亲节，为业主送上康乃馨，传递感恩之情；端午节，不仅为每家每户挂上艾蒿、葫芦，还探访独居老人，送去节日的温暖；六一儿童节，开展"关爱未成年人，送一本书"活动，助力孩子成长；中秋节，为业主准备月饼和水果，共度团圆佳节；国庆节，挂起灯笼，举办业主运动会，营造喜庆的节日氛围。

每一个节日活动，物业都精心筹备，办出仪式感，让业主在享受欢乐的同时，也感受到"红色物业"的关怀，切实为居民的幸福生活加码，充分彰显了"红色物业暖心为民"的服务宗旨。

图 3　襄平物业党支部举办中秋晚会

案例整理：侯鸿楠

红色物业惠万家，社区治理暖民心

——本溪市平山区千金街道泉涌社区党委书记马秀微

一、社区基本情况

泉涌社区隶属于本溪市平山区千金街道，辖区面积2.7平方公里，共有4472户，常住人口8050人，其中党员283人，下设6个党支部，12个党小组。辖区楼群新旧参半，以老年人居多，为更好推进社区基层治理，缓解人员配置压力，泉涌社区党委在平山区委和千金街道党工委的坚强领导下，以老旧小区改造为契机，同步引进市场化的管理机制，激发老楼街坊的自治活力，打造"红色物业"治理品牌。为加强和创新党对物业服务的领导，泉涌社区党委制定"1+2+N"管理模式（"1"：社区党委核心引领，"2"：社区工作人员、小区晟泰物业工作人员构建良性互动，"N"：小区业委会、单元长、楼长、辖区共建单位、居民等多方联动形成合力，共同参与基层社会治理），以党建引领社区治理创新，在高标准打造"红色物业"的基础上，积极发挥监督、指导、沟通、协调作用，把打造"红色物业"作为推动社区治理体系建设的重要载体，通过强化阵地建设，构建"多方联动"工作模式及党建联合体资源，以点连线、以线带面，提高辖区居民参与度，逐渐将"红色物业"辐射到社区的每一个角落。

二、学习收获体会

马秀微是千金街道泉涌社区的党委书记。马书记于2024年5月参加了辽宁省委组织部举办的"全省社区党组织书记基层党建助力全面振兴新突破三年行动省级示范培训班"。此次培训以习近平新时代中国特色社会主义思想为指导，对习近平总书记关于东北、辽宁振兴发展的重要讲话和指示批示精神进行了解读，介绍了辽宁全面振兴新突破三年行动的新举措新进展新成效。通过学习社区物业管理案例和社区工作法律典型案例，让她了解到为提升社区党组织组织力，筑牢基层战斗堡垒，开展社区党建品牌创建工作，要积极开发、整合、利用各种资源，突出服务导向，力争做到党建工作的每一条措施都能为群众解决具体问题，每一项成果都能让群众真切感受到实惠和好处，从服务更加精细、治理更加高效、居民更加融洽的角度，提高社区治理成效。

三、学以致用举措和成效

（一）社企携手，旧貌换新颜

为提升物业服务管理水平，泉涌社区党委与晟泰物业紧密合作，共同开展"党建引领社区治理，凝心聚力为民服务"卫生整治系列活动。为加强与居民之间的沟通与合作，共同提升物业服务管理水平，促进物业高效精准服务，提升居民满意度，泉涌社区党委坚持用"红色物业"点亮小区，用"红色服务"温暖居民，打造共建共治共享的社会治理新格局，全面激活社区治理"一池春水"。

社区工作者、辖区居民和物业工作人员拿上垃圾袋及扫帚、铁锹等工具，深入到辖区各个角落，对辖区内的废弃杂物、零星纸屑、白色垃圾等进行了重点清理。在清扫过程中，"红色物业"工作者们还积极向居民宣传了保护环境卫生相关知识，倡导大家爱护环境，共同营造一个整洁、优美、舒适的生活环境。经过努力，辖区内环境卫生得到了显著改善，街巷、小路、排污沟变得更加干净整洁，楼道焕然一新，花坛里的花草更加鲜艳夺目，公共设施也一尘不染。工作者们用自己的实际行动，为居民们创造了一个更加舒适宜居的生活环境，同时也传递了红色奉献精神，激发了更多居民参与扮靓美好家园活动的热情。

图 1　"党建引领社区治理，凝心聚力为民服务"卫生整治活动

（二）社企联动，除雪保民生

图 2　"清雪除冰'有速度'守护民生'有温度'"扫雪行动

2024 年冬，泉涌社区迎来强降雪天气，到处一片银装素裹，康城小区内部道路及主干道覆盖了一层厚厚的积雪，给辖区群众的出行带来诸多不便。泉涌社区辖区"红色物业"充分践行"红色物业，情暖万家"的服务宗旨，为保障居民群众安全出行，社区与晟泰物业迅速启动应急预案，携手开展清雪行动，组织工作人员全力清雪。同时，社区发动党员、志愿者加入到扫雪行动中，从清晨开始，扫雪、除冰、清理、撒盐……忙碌在清晨的路灯下，穿梭在楼宇巷道间，人车共同作业，集中力量清通主巷道，全力做好各责任

区清雪工作，保障在业主出行前清出安全路。大家奋战在一线，不畏严寒，不惧艰辛，他们的热情就像冬日的暖阳，既融化了积雪，更温暖了业主们的心。雪落无声，服务有痕。此次清雪除冰行动，大家齐心协力，在排除积雪带来的安全隐患、方便居民出行的同时，充分凝聚了团结奋斗的力量，彰显"红色物业人"不怕苦、不怕累的奉献精神与心系居民的责任担当。

（三）社企共建，修路解民忧

泉涌社区轮胎厂道路部分路面由于年久失修，出现了破损和坑洼，不仅影响小区的整体美观，还给居民的日常出行带来不便，甚至存在安全隐患。为解决道路破损问题，泉涌社区工作人员积极行动，立刻联系辖区"红色物业"商讨制定修补方案，迅速组织工作人员对破损步道砖路面予以修复。为保证施工期间作业安全、交通顺畅，物业积极推进"错峰施工"，安排工作人员准备好水泥，先将原有的砖块石头等杂物仔细清理干净，再重新用水泥浇筑，铺设成平整的道路。对路面出现塌陷的路段用沥青平整，在保质保量的前提下快速高效完成了路面修复，为居民排除安全隐患。此次路面修复不仅切实解决了群众出行难的问题，也改善了小区整体环境，让物业更加主动地发现问题，积极地解决问题，进一步拉近社区、物业与居民之间的距离，努力营造了和谐共建、共享、互助友爱的浓厚氛围。

图 3 "修复路面'创伤'疏通民心'堵点'路面"修整活动

案例整理：侯鸿楠

|第四部分|
社区儿童关爱

　　作为连接家庭与社会的纽带，社区不仅是儿童日常生活的微观场域，更是其社会化、情感培育和能力发展的关键空间。社区儿童关爱指以社区为平台，通过整合资源、提供服务和营造环境，为儿童的健康成长创造条件。它涵盖了安全保护、教育支持、心理健康关怀以及文化娱乐等多个方面。具体而言，社区儿童关爱包括为儿童提供安全的活动场所、组织多样化的课外活动、开展心理健康辅导，以及对特殊儿童群体进行重点关注和帮扶。通过这些举措，让社区成为儿童健康成长的坚实后盾。

　　习近平总书记强调"少年儿童是祖国的未来，是中华民族的希望"，社区儿童关爱工作意义重大。社区作为家庭与学校之外的重要空间，能够补充家庭和学校教育的不足，为儿童提供更广阔的学习和社交机会。社区儿童关爱有助于增强儿童的社会适应能力。通过参与社区活动，儿童能够学会与不同年龄段的人交流互动，培养团队合作精神和社会责任感。以儿童活动为载体促进亲子互动、邻里交流，塑造"熟人社区"，化解现代社区人与人之间的疏离感，这一民生工程成为增强社区凝聚力的重要纽带。从社会发展的角度来看，社区儿童关爱是培养未来社会栋梁的基础性工作。关注儿童的成长，就是关注社会的未来，为社会的可持续发展奠定坚实的人才基础。

新时代的社区儿童关爱事业，既是民生工程更是文明工程。社区儿童关爱需要从多方面入手，使其从"儿童活动的场所"转变为"儿童成长的家园"。一方面，社区应积极整合资源，建立儿童活动中心、图书馆等设施，为儿童提供安全、丰富的活动空间；另一方面，要充分发挥社区志愿者的作用，组织专业人员开展心理健康辅导和兴趣培养活动。同时，社区还需加强与学校、家庭的联动，形成教育合力，共同为儿童的健康成长保驾护航。通过这些策略的实施，社区儿童关爱将为儿童的全面发展提供有力支持，让社区成为儿童成长的温暖港湾。

儿童友好空间，用爱托起希望

——沈阳市于洪区造化街道大转湾社区党委书记张莹

一、社区基本情况

造化街道大转湾社区成立于 2008 年 12 月，辖区东起西江北街，西至沈马线沿线，南临元江街新开路，北抵沈北西路，总面积 1.54 平方公里。辖区内共有 6 个小区，居民总户数 4764 户，现居住人口 3501 人。大转湾社区党总支下设 2 个党支部，共有委员 5 名，居委会委员 4 名，党员 72 名，下设 2 个党支部，4 个党小组。社区办公和服务群众场所面积 709 平方米。为落实沈阳市建设国家儿童友好城市的决策部署，造化街道大转湾社区被选中成为沈阳市首批儿童友好社区示范点，在上级部门特别是于洪区妇联的带领下，从关注儿童需求、保障儿童权利出发，以儿童需求为导向，打造儿童友好型社区，从儿童视角出发，推进"一米高度"进社区，按龄、按需推进儿童友好空间建设，在社区建设中倾注更多的人文关怀，呵护儿童成长，用爱托起希望。

二、学习收获体会

张莹是造化街道大转湾社区党总支书记。张书记于 2024 年 5 月 20—24 日参加了辽宁省委组织部举办的"全省社区党组织书记基层党建助力全面振兴新突破三年行动省级示范培训班"。此次培训以专题授课、分组讨论、座谈交流、参观学习、集体学习互动等形式开展。为期五天的学习让她对社区工作有了更深的理解，充分认识到城市治理的"最后一公里"就在社区，社区是党委和政府联系群众、服务群众的神经末梢，要及时感知社区居民的操心事、烦心事、揪心事，一件一件加以解决。深知老百姓心里有杆秤，要时刻把老百姓放在心中。她决心提升社区党组织的领导能力，发挥居民自治功能，进一步调动社区居民积极性、主动性，营造人人参与、人人负责、人人奉献、人人共享的社区治理良好局面。

三、学以致用举措和成效

大转湾社区在于洪区妇联的带领下，从关注儿童需求、保障儿童权利出发，以儿童需求为导向，打造儿童友好型社区，从儿童视角出发，推进"一米高度"进社区，按龄、按需推进儿童友好空间建设，让辖区儿童公平享有便捷、舒适、包容的设施、空间和服务，用爱托起希望。

（一）儿童友好阅读空间：打造家门口的"童阅园"

儿童友好阅读空间在社区二楼活动室，改造后有绘本书架、儿童桌椅、儿童手工区、保护视力大屏幕、"一米书画展览区"等，绘本书架有 300 余本儿童图书，由儿慈会、辖区党员、共建单位、爱心人士捐赠。儿童阅读空间定期举办亲子阅读会、儿童绘本故事时间、爱心妈妈带我读好书等主题阅读活动，帮助孩子养成爱观察、善思考、好钻研的自驱型学习习惯，培养孩子们的语言能力、想象力、创造力和解决问题的能力。第一期活动在 2024 年 5 月 20 日举办，活动是由沈阳辰玺社会工作服务中心的志愿者老师们主讲的以"小满"为主题的亲子绘本之旅，宣传期反响热烈，有 40 余个亲子家庭报名，为保证活动质量与活动体验，最终以年龄段为标准，邀请了 20 个孩子年龄为 5~6 岁的亲子家庭参加。活动形式丰富，短短 90 分钟包括了朗诵、唱歌、亲子手工、互动问答等，小朋友们和家长们纷纷表示希望多举办一些这类活动。社区的亲子阅读活动，可培养家长养成带孩子做亲子阅读的习惯，为建设书香社区打下深厚基础。在未来，还将与教育工作者、教育机构合作，不断扩充图书种类，扩大阅读空间职能，将亲子阅读、全民阅读的理念扎根在每一个家庭，使阅读成为生活习惯，让儿童友好阅读空间成为"家"空间的延伸。

（二）儿童友好智慧空间：打造家门口的"文润园"

儿童友好智慧空间的核心思想是"我的空间，我们说的算"，即办小朋友们喜欢的科普讲座、建小朋友们心中的智慧摇篮。前期开展问卷调查，让小朋友们选择自己感兴趣的科学种类和学习方式，召集有想法有表达欲的小朋友们参加"儿童议事会"，共有 8 名 7~12 岁的小朋友参加了改造会议，小朋友们各抒己见，工作人员经过整理敲定改造方案，最终儿童友好智慧空间打造成了集红色老工业基地百年变迁照片展、飞机模型展览、儿童益智对弈角、乐高拼接、编程教学于一体的智慧启蒙空间。此空间让儿童更加了解家乡的变化历程，提升对于家乡的自豪感、荣誉感、认同感，锻炼儿童的独立思考能力与动手能力，让儿童在游戏中产生对于科学的热爱。下一步大转湾社区计划与专业机构、科学协会、民间科学爱好者合作，定期将有趣有用的科学知识带给辖区家庭，将儿童友好智慧空间打造成家门口的科教学习角，让亲子家庭有更好的休闲去处。

图 1　社区儿童参加奇趣故事会

（三）儿童友好音乐空间：搭建家门口的"美育园"

儿童友好音乐空间成立了大转湾社区青禾儿童合唱团，在社区二楼改造了一间 20 平方米的音乐教室，挂名为"青禾童声合唱教室"，内置电子录音设备、话筒、音响、乐谱、钢琴等设备，用于日常教学与音频录制。在社区一楼搭建了一块小型舞台用于儿童合唱排练与表演，合唱团现有 30 余名6~13 岁的小朋友，由专业儿童音乐课老师组织，定期开展乐理课、声乐课与合唱排练，排练内容分为红色经典曲类、中国诗词曲类、传统文化曲类，现在排练的《萱草花》《如愿》《夜空中最亮的星》《勇气大爆发》是六一儿童节、端午节与七一建党节的表演曲目。在老师的指导下，小朋友们用小百灵鸟般的歌声，传唱国学经典，传承红色血脉。下一步大转湾社区将搭建多方位、递进式儿童才艺培训体系，提升辖区文艺氛围，为儿童搭建更丰富的合唱展演活动舞台，推进素质教育，实现"五育"并举，促进儿童全面发展。

图 2　社区儿童合唱团日常排练

（四）儿童友好游憩空间：打造家门口的"游乐园"

儿童友好游憩空间打造嵌入式 200 平方米的社区室内儿童乐园，以"儿童喜欢，家长放心，社区支持，社会爱心"为核心体系，即采取走访方式调查家长们、孩子们喜爱的游戏项目，社区评估危险系数，引入安全的游戏项目，同时联络多家共建单位和爱心人士，说服其为游憩空间捐赠游戏器材。同时特别注重"一米视角"，所有的物品摆放都能让孩子们独立拿放，墙上的图画也能让孩子无需仰望，平视既能观看全貌，最终涵盖了巧手涂鸦区、休息观影区、儿童玩具区、亲子运动区、益智拼图区、儿童钓鱼区、种植体验区等七大区域，围绕0~3岁儿童定期开展早教公益微课堂多彩支持服务。在开放游憩空间的同时也收集家长们的意见，例如有家长担心休息观影区中移动的电视机重心不稳会砸到玩闹的小朋友，社区马上联系工作人员将电视机固定到了墙上，同时把所有外露的插座全部安上了绝缘盖，保护小朋友们的安全。下一步大转湾社区计划寻求更多与早教机构、专业指导教师等的合作，开展更多新潮的亲子活动，将二楼打造成为宝宝攀岩馆、室内运动馆，让孩子们的体能得到提升，也让社区成为"遛娃"放松、"宝妈"交流、"宝宝"交友的好去处。

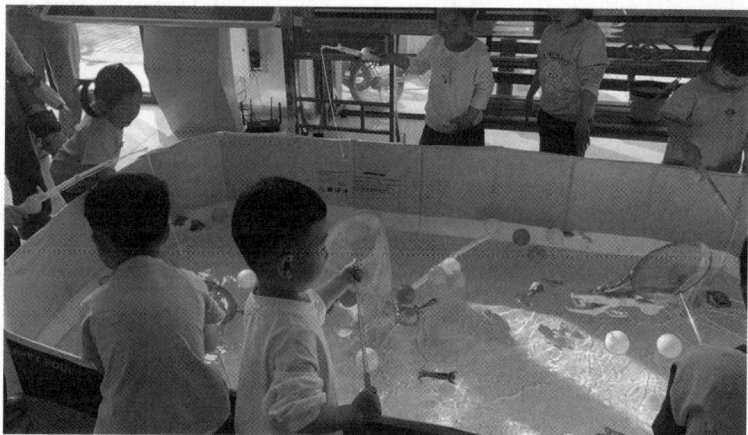

图3　孩子们在游憩空间内愉快地钓鱼

（五）儿童友好健康空间：打造家门口的"儿保室"

儿童友好健康空间依托健康小屋和线上直播，定期开展针对新手爸妈们的幼儿喂养讲座、儿童护理培训等，邀请专业推拿老师为辖区父母培训，让家长们在家里就可以为孩子做简单推拿，增强儿童体质，传承传统中医文化。心理门诊每天都有线上一对一的针对儿童心理问题、青少年心理问题的咨询问诊，也将心理沙盘引入儿童友好健康空间，定期有专业心理医生带领孩子们边玩边疏导孩子们的心理问题，改造发泄室，配备小型沙袋、捏捏乐等，让孩子们在专业医生的指导下安全地发泄负面情绪。在日常走访中，发现有一对母子是辖区流动人口，经了解，这个家庭四口人，均为外地户口，在本辖区内租住，父亲工作地点在浑南，每晚 8 点才能到家，母亲是房产经纪人，工作繁忙，长姐在外地上大学，一年回家两次，弟弟（以下称小星）今年三年级，在 21 个月的时候被诊断为孤独症，母亲为了给小星更多的陪伴，在小星课余时间把他带在身边，经常需要带小星参加公司会议和面见客户。社区工作人员了解到小星家庭的困境，主动帮忙联系了共建单位的专业儿童心理专家，为小星妈妈做小星的康复指导，并定期复查，社区工作人员也主动和小星做朋友，鼓励他多画画，慢慢地小星融入了社区大家庭，虽然还是"惜字如金"，但胖乎乎的小脸上有了更多的笑容。推动儿童友好健康空间的建设要有爱心、耐心、恒心、信心、决心，大转湾社区关注儿童心理和身体健康，为孩子们筑起一片晴朗天空。

未来大转湾社区将继续完善儿童友好型社区建设，擦亮特色儿童友好品牌，让儿童友好理念在大转湾社区的社会政策、公共服务、权利保障、成长空间、发展环境等方面充分体现，为社区广大儿童和家庭创造高品质生活、优化儿童友好空间、提升儿童友好设施、增添儿童友好功能，就近就便为儿童提供活动场所和优质服务，"四位一体"共同用爱托起希望。

案例整理：崔雨楠

创新开办"爱心托管",让爱洋溢在每一个角落

——沈阳市大东区上园街道浅草社区党委书记冯丽娜

一、社区基本情况

上园街道浅草社区成立于 2007 年 7 月,位于大东区老瓜堡西路上,地处浅草绿阁小区,因此得名浅草社区,辖区总面积 0.2 平方公里,共有 3 个小区(2 个等级物业小区、1 个老旧小区),55 栋楼,217 个单元。浅草社区党委下设 8 个党支部(6 个居民党支部、2 个非公党支部),党员 297 人,总户数 4131 户,常住居民 5807 人。

二、学习收获体会

冯丽娜是上园街道浅草社区的党委书记。她于 2024 年 9 月 2—6 日参加了辽宁省委组织部举办的"全省社区党组织书记基层党建助力全面振兴新突破三年行动省级示范培训班"。此次培训以专题授课、分组讨论、座谈交流、参观学习、集体学习互动等形式开展。为期五天的学习让她学到了新时代党建理论知识,更深入理解了"两邻"理念与加强基层社区治理的重要意义,拓宽了思路,受益匪浅、备受鼓舞。她深感党和国家对基层治理的重视和对人民的爱戴,从心里强烈地感知到我们的党如此强大和伟大,深刻认识到自己肩上的责任和使命。此次培训为她以后的工作指明了方向,对标先进,勇担当、善作为、强实干,用心用情用力办好一件件百姓的事情,打造社区特色文化"爱","行善举、做善邻",建设幸福美好家园。

三、学以致用举措和成效

浅草社区辖区内有上园教育集团园二校区，十多年前学生家长很多是外地来沈务工人员，工作时间不稳定，经常不能及时接送孩子。浅草社区党委以问题为导向，想家庭之所想、急群众之所需，关心关爱辖区青少年，2011年，利用面积为 114.99 平方米一处社区活动室（社区党群服务站）开办了沈阳市第一家公益爱心托管班，即"四点半学堂"，至今已开办 14 年，从这里走出去的孩子已经达到 500 余名。近年来社区党委不断创新基层治理，践行"两邻"理念，将爱心托管班作为社区特色服务项目，以"群众的需求在哪、党的阵地就覆盖在哪、社区的服务就延伸到哪"为出发点、群众满意为目标，以党建引领，以"网格 + 资源整合 + '两邻'活动 + 志愿服务"工作模式，以 24 小时在线服务的方式，构建了"1+4+24"的工作体系，聚焦"一老一小"等特殊群体，提供以爱为主题可感可及的暖心服务，打造社区特色文化"爱"，让爱洋溢在每一个角落。

（一）为民服务，开办"爱心托管"，打造青少年家门口的幸福教育课堂

从 2011 年至今，社区爱心托管班已开办 14 年，在上级政府对社区托管项目大力投入的同时，各界爱心人士、志愿团队也相应捐赠各类学习物资，目前托管班教室内有书架 3 组、固定黑板 1 块、移动黑板 1 块、电视 1 台、多媒体电视（会议一体机）1 台、书籍 3000 余册、心理沙盘 1 套、学生桌椅 30 套、饮水机 1 台、电子琴 1 架，以及象棋、围棋、篮球、排球等多种学生用品及益智玩具。

爱心托管班以"爱"为主旋律，不断创新整合资源，进一步优化"托管班"活动内容和特色课程，倾心打造社区家门口有温度有爱心的"托管学堂"。在学期中，托管班在周一至周五下午四点半之后、周六周日全天对外开放，提供帮助家长接送孩子、课内辅导、心理咨询等服务。在暑假、寒假期间，以托管班为载体，启动"学校放假 社区开学"活动，将托管时间调整为周一至周五 8：00—16：30，并举办"托管寒暑假开班仪式""托管寒暑假结

业仪式"，整合各种资源，链接社区"爱心教师"团队、社会组织、辖区企业等，成立了"多彩假期"志愿服务队，组成成员17个，根据孩子们的年龄特征、兴趣爱好，通过"课堂宣讲＋实践教学＋作业辅导"的模式，充分发挥志愿者的专业优势和社区的资源优势，开设"多彩假期"特色课堂，如书法、爱国主义教育、心理课堂、手工制作、特色绘画、非遗教学、书香阅读、安全讲座、法律知识、传统文化、社会实践等10余门特色课程。

图1 社区志愿者辅导孩子们写作业

在社会实践活动中，2024年开展走进大东区文明实践中心、"九·一八"历史博物馆、大东区消防救援大队，参观辽宁大学、老虎冲垃圾处理场、沈飞博览园等10次研学活动，满足了孩子们多样化、个性化的需求，打造"孩子愿意来，家长放心送，爱在社区"的托管氛围。浅草社区以"爱心托管"为特色品牌，为广大辖区居民提供了优质青少年特色服务，真正做到为民解忧办实事，打造"爱在浅草"社区品牌。

（二）创新党建，依托"爱心托管"，打造老党员家门口的党建阵地

近年来，浅草社区党委不断创新党建，一是成立浅草社区"爱心"党员志愿服务队，重新改造社区活动室布局，划分为"爱心托管"教室及"家门口"党员组织活动室。二是在"家门口"党员组织活动室对退休干部党员开展谈心谈话，了解党员基本情况、家庭状况，挖掘党员特长，并对退休干部党员分类管理。以"爱心托管"为服务对象，设置老党员志愿服务岗位，发挥老党员退休余热，开展"银龄行动"。这里，老党员是知识的传递者，他们为托管班的孩子们课后辅导语文、数学，指导音乐、书法学习，为孩子们讲中国传统文化，让传统文化在孩子们心中生根发芽。这里，老党员是红色基因的传承者，他们为托管班的孩子们讲红色故事，打造"红色"课堂，发挥"亲历者""见证人"的独特优势，为教育好下一代提供了坚实的土壤，是孩子们学习的榜样，向青少年递上了时代的接力棒。这里，老党员是市关工委"五老"报告团的成员。2024 年浅草社区"爱心"党员志愿者服务队被中共辽宁省老干部局授予"辽宁省离退休干部志愿者先进团队"荣誉称号。

图 2　"一老一小"春节写福字送祝福

（三）整合资源，链接"爱心托管"，打造社区幸福教育品牌"爱"

2011 年以来，浅草社区致力于以"爱心托管"服务于青少年，不断整合资源，并全面打造"爱在浅草——爱心托管"教育品牌，将"教育"嵌入社区基层治理的脉络，将为民服务事项与社区教育有机结合，精心服务、爱心行动，让"爱心托管"成为社区最亮丽的社区品牌，营造爱心互助、爱满邻里、爱我家园的和谐"两邻"新风尚，并形成社区教育品牌经验。

推动"学校＋老师"教育进社区。浅草社区与大东区教育局、大东区妇联、大东区关工委、沈阳市开放大学等对接资源，开展幸福教育课堂，聚焦"一老一幼"重点人群，通过线上线下点单式服务，开展居民喜闻乐见的课堂式及线上式教学，切实做到民心在基层聚集、资源在基层整合，丰富辖区居民文化生活。

形成"学校＋社区"共建联合体。从 2011 年至今，浅草社区与辽宁大学共驻共建，辽宁大学团委、辽宁大学公共管理学院管理下的辽宁大学润农协会大学生志愿者，每个周末、假期，风雨无阻到社区爱心托管班支教，辅导孩子文化课，陪伴一批批托管班的孩子成长，从辅导作业到开展特色活动，形成"资源共享、互相促进、共同提高"的社区幸福教育工作新格局。

开展"志愿＋教育"常态化活动。社区注重社区党员教育、家庭教育、红色教育、文化教育，成立多支志愿者服务队，结合"我们的节日"，将社区志愿服务队＋幸福教育有机结合，重点打造青少年特色教育，开展文化课辅导、爱国主义教育等，培养青少年爱祖国、爱学习、爱劳动、爱老师、爱同学、爱生活的优良品德，打造"爱在托管"常态化教育品牌。

图 3　托管班特色课程"非遗"贴纸画

上园街道浅草社区先后荣获沈阳市"四点半课堂"示范点、辽宁省家庭教育指导服务示范站、辽宁省党支部标准化规范化建设示范点、沈阳市儿童友好示范社区、沈阳市文明单位、沈阳市"六好关工委"先进集体、沈阳市

"四点半学堂"试点社区、沈阳市和谐社区、沈阳市关心下一代工作先进集体、"百姓讲堂"大东区基层理论宣讲示范点、大东区幸福教育课堂优秀组织单位等荣誉。

案例整理：侯鸿楠

儿童暑假托管班，点亮孩子暑期时光

——大连市庄河市城关街道日新社区第一网格党支部书记王振

一、社区基本情况

城关街道日新社区成立于 2011 年，占地面积 0.7 平方公里，是一个充满活力和温馨的社区。社区内有香颂花城、黄海明珠五期、景源名郡三个标准化物业管理居民小区，为居民提供了安全、舒适的居住环境。社区总户数达到 2828 户，总人口数为 6902 人，居民结构多元，和谐共处。社区通过打造儿童暑假托管班，不断提升社区网格化服务。自 2012 年起，社区多次获得大连市及辽宁省相关部门授予的荣誉称号，包括安置帮教工作先进集体、环境友好社区、三星级大连市星级平安社区、大连市品牌调解工作室、人口和计划生育基层群众自治示范社区、文明单位、健康示范社区、辽宁省机关档案工作省二级单位、五星级科普社区、十佳科普大学等，展现出社区强大的综合实力。

二、学习收获体会

王振是城关街道日新社区副书记、社区第一网格党支部书记。2024 年 10 月，他参加了"全省社区网格党组织负责人网格化管理服务省级示范培训班"。学习期间，培训班安排了"社区网格化管理服务""社区网格突发事件应急管理策略""提升社区网格党组织组织力筑牢基层战斗堡垒"等多门课程。这些课程不仅让他对社区网格化管理有了更加全面的认识，还让他学到了许多实用的工作方法和技巧。作为一名网格党组织负责人，他坚定了自己的信念和决心，要以实际行动践行"务实"二字，为社区的发展贡献自己的力量。

三、学以致用举措和成效

王振意识到社区网格服务是社区网格化管理的重要组成部分。在日常的走访过程中，他收集到了居民们的反馈意见，其中寒暑假期间职工家庭子女无人照顾的问题尤为突出。为充分发挥基层党组织的战斗堡垒作用，搭建"党建引领、多元协同"社区治理平台，盘活社区资源，聚焦"一老一幼"实际需求，利用大连工会"慧成长"职工子女暑期托管班项目，为社区内的孩子提供假期看护服务。

（一）积极组织参观学习

图 1　网格党支部组织孩子们参观学习

网格党支部精心组织孩子们到清莲苑廉洁文化主题公园参观学习。孩子们漫步在充满廉洁元素的景观之间，通过了解从古代清官的故事到现代廉洁奉公的榜样的生动案例，深刻认识到廉洁文化在古今社会中的重要意义。网格党支部还组织孩子们到工商银行庄河支行进行体验，在银行工作人员的指导下，孩子们了解了银行的功能区划并体验了办理业务的流程，不仅学会了如何使用自助设备，还对金融知识有了初步的认识，培养了他们的金融风险意识和理财观念。

（二）设置定期的主题观影

网格党支部还定期开展"弘扬八一精神·传承红色基因"等主题观影活动。网格党支部精心挑选适合孩子们观看的经典红色影片播放，通过观影活动，孩子们深刻感受到革命先烈们为了民族独立和人民解放事业抛头颅、洒热血的崇高精神。党支部观影后还组织讨论，孩子们积极发言，分享自己的感受，进一步加深了对红色基因的理解。

（三）开展丰富多彩的展演活动

网格党支部开展了丰富多彩的展演活动。以到庄河市公安局巡特警大队观看展演为例，在展演现场，孩子们近距离观看了巡特警们整齐划一的队列表演、精彩绝伦的格斗技巧展示以及先进的警用装备演示。巡特警们还通过案例讲解，向孩子们传授了安全防范知识和法律法规常识，让孩子们明白在面对危险时如何保护自己，同时增强了他们的法律意识和对执法工作的尊重。

图2　庄河市公安局巡特警大队展演现场

（四）组织教育基地参观

网格党支部组织孩子们到黑岛镇爱国主义教育基地参观。教育基地陈列着大量的历史文物和资料，生动地展现了过去的战争岁月和人民的英勇抗争历程。孩子们认真聆听讲解员的介绍，深刻感受到民族独立的来之不易，爱国主义精神得到升华。青堆子老街的参观活动则让孩子们领略到了当地独特的历史文化魅力。古老的建筑、传统的手工艺店铺、充满故事的石板路，使他们了解到老街的发展历程，感受到传统文化在现代社会中的传承与延续，进而生起对家乡的热爱之情。

图 3 黑岛镇爱国主义教育基地参观现场

（五）开展传统文化活动

网格党支部组织学习茶文化主题活动，邀请了专业的茶艺师为孩子们讲解茶文化。茶艺师从茶叶的种类、采摘、制作到泡茶的技巧、茶具的使用等方面进行了详细介绍，并现场进行了茶艺表演。孩子们亲自参与泡茶的过程，品尝自己泡制的茶水，在这个过程中，他们了解到茶文化所蕴含的深厚内涵，如谦逊、和谐等，感受到了中国传统文化的博大精深。开展七夕"漆扇之美浪漫七夕"漆扇制作主题活动，充分激发孩子们的想象力和创造力。从设计扇面图案到亲手绘制，再到涂抹漆料，每一个步骤都充满乐趣。他们制作出了精美的漆扇，不仅锻炼了动手能力，还对七夕这个传统节日有了更深刻的认识，传承和弘扬了中华传统节日文化。

（六）其他教育活动

网格党支部开展垃圾分类宣讲活动，通过有趣的动画演示、互动游戏等方式，向孩子们讲解垃圾分类的知识。孩子们积极参与，学习如何区分可回收垃圾、有害垃圾、厨余垃圾和其他垃圾，了解垃圾分类对环境保护的重要意义。在实践环节，他们还亲自对垃圾进行分类投放，将所学知识运用到实际行动中，提高了环保意识。网格党支部还开展了学校欺凌和防电诈安全教育讲座，邀请了警察和教育专家为孩子们授课。通过真实案例分析，孩子们了解到校园欺凌的危害和形式，学会了如何预防和应对校园欺凌。

党支部组织中国共产党党史课，通过生动的图片、故事等形式，向孩子们讲述了中国共产党从成立到发展壮大的光辉历程。孩子们了解到党的初心和使命，知道了无数共产党员前赴后继为国家和人民作出的巨大贡献，培养了他们的爱国情感和民族自豪感。党支部还组织美术课、书法课、绘本课，邀请专业的艺术老师指导，提高了孩子们的艺术素养。在美术课上，孩子们用画笔描绘出心中的美好世界；书法课上，他们学习毛笔字的书写技巧，感受书法艺术的韵味；绘本课则通过阅读和创作绘本，提高了孩子们的阅读能力和想象力。

这些活动的顺利开展激发了孩子们的潜能和创造力，促进了他们的身心协调发展。在托管班期间，孩子们不仅学到了丰富的知识和技能，还结交了许多新朋友，收获了友谊和快乐。同时，家长们对托管班工作给予了高度评价和认可。

案例整理：王晓晴

| 第五部分 |

爱心志愿服务

爱心志愿服务如同一束温暖的光芒，照亮了人们的心灵，也温暖了整个社会。爱心志愿服务不仅仅是一种善行，更是一种社会责任的体现，它让爱在人与人之间传递，让社会充满了温暖与希望。在每一个需要帮助的角落，志愿者们用他们的行动诠释着奉献的意义，用爱心搭建起人与人之间最真挚的连接。

爱心志愿服务的实践，是无数志愿者用行动书写的一首首温暖的诗篇。他们有着不同的背景、不同的职业，却因为共同的信念汇聚在一起。他们为孤寡老人送去温暖的陪伴，为贫困家庭提供生活上的帮助，为社区环境增添一抹绿色。每一个志愿服务的故事，都是一个关于爱与奉献的传奇；每一个志愿服务的瞬间，都是一次心灵的触动。他们用自己的行动诠释着"奉献、友爱、互助、进步"的志愿精神，让爱心在社会的每一个角落生根发芽，开花结果。

爱心志愿服务，是社会文明的温暖底色，是人性光辉的生动写照。它如同春风化雨，润泽着每一个需要帮助的心灵；又似涓涓细流，汇聚成爱的海洋，滋养着社会的每一个角落。在时代的洪流中，爱心志愿服务的重要性愈发凸显，它不仅是个人品德的升华，更是社会和谐的基石。它让弱者感受到温暖，让强者体会到责任，让每一个参与者在奉献中收获成长与满足。以下案例将进一步展现爱心志愿服务的美好意义和实践价值，让我们从中汲取力量，积极投身于这一崇高而温暖的事业，用爱点亮希望，用行动传递温暖。

"积分制激励"工作法 建设和谐社区新风貌

——沈阳市浑南区浑河站东街道首创国际社区党委书记纪宁

一、社区基本情况

浑河站东街道首创国际社区成立于 2017 年 9 月,是比较典型的商品房物业管理小区。社区有居民 5125 户,10560 人;社区党委下设 5 个党支部,共有党员 245 人;社区党群服务中心面积 865 平方米;社区群团组织 18 个,共建单位 39 家,有效架构横向到边、纵向到底、上下联动、全面覆盖的管理体系,使社区建设有了良好的支撑。结合小区人员构成情况和亟须破解的民生难题,首创国际社区大胆探索,在 2019 年启动志愿者"积分制激励"工作机制来打破邻里疏离困境,培育形成"守正创新、守信创先、守情创和"的社区核心文化,引领各类志愿服务队伍积极围绕在社区党组织周围,开展民生服务和邻里互助行为。

二、学习收获体会

纪宁是浑河站东街道首创国际社区的党委书记。纪书记在 2024 年 9 月 23—27 日参加了辽宁省委组织部举办的"全省社区党组织书记基层党建助力全面振兴突破三年行动省级示范培训班"。通过 5 天紧张且充实的学习,从专题授课中汲取了丰富的理论知识,提升了能力素质;从实地参观、分组研讨、互动学习中开阔了视野,了解到更好的工作经验和方法。除了深刻地体会到学习与成长的重要意义,还为接下来进一步推进社区各项工作厘清了思路、更新了观念、明确了方向。

三、学以致用举措和成效

（一）加强多元共治，提升志愿服务聚合力

为更好地夯实社区工作基础，凝聚多元力量参与社区建设的积极性、创造性，本着"区域统筹、资源整合、优势互补"的理念，统筹社区、社会组织、社会工作者、社区志愿者、社会慈善资源多方力量，推行"五社联盟"合创项目。充分发挥党员先锋模范和示范带动作用，以"党建红"引领"志愿红"，将党的领导融入志愿服务全过程、各方面，创新社区治理抓手，解决社区治理瓶颈。运用积分制管理的办法促进各项工作长效运行，通过"党员亮身份"行动，以"一人带动一队、一队带动一片"的良性循环，促进党员志愿服务队伍壮大；开展"社区项目主理人"招募计划，不仅聚焦挖掘与社区联动频繁的党员、群团骨干，还广泛招募有意愿、有能力、有爱心的居民积极参与到小区自治和发展中来。通过将群众骨干发展成为发动群众的重要力量，构建"根系式"志愿骨干发展模式，最终形成一支以党员为先锋、全民参与的志愿服务团队，主动为基层建设献计献策。

图 1　社区党委与共建单位开展主题党日活动

（二）建立长效机制，释放文化亲邻正能量

社区对参与志愿服务进行积分量化，以大数据赋能推动服务模式创新，以手机小程序及"互联网+"大数据为支撑、以积分制管理考评细则为依据、以科学系统化管理为抓手，建立起一所"行为银行"，将获得的积分"储存"在社区"行为银行"中，由专人管理，通过线上的录入、审核后完成一次积分累积。党员、居民所获得的积分永不清零，不作废，随时查询，定期公布，以开展季度快乐会议和年终表彰大会作为鼓励办法。社区居民获得一定积分后，可以兑换理发、磨刀、插花等各种丰富多彩的文化活动，还能被评为"积分达人""信用之星"；社会组织服务好，可以入选社区"红人榜"，参加集体旅游互助项目；企业共建内容丰富了，可以优先"亮身份"、挂牌，被评为"安心商家"，到小区里覆盖宣传；社工工作干得好了，可以兑换技能提升课程，还可以优先参与上级评优。自社区开展积分制工作以来，小区里的风貌有了很大的变化，每逢社区有公益行动和志愿服务，大家都能积极参与，使社区治理工作变得有热度、有温度，让社区焕发出和谐文明新气象。

图2　社区志愿者积分制表彰大会

（三）注入慈善资源，焕发志愿服务新活力

为进一步拓展积分奖励资源，积极动员社会各界力量助力积分超市的运转。一是充分发挥"大邻效应"，把企业、商户纳入志愿者积分管理体系，依据商户自身特色以公益服务和"惠民套餐"作为积分兑换项目，如早餐兑换券、水票兑换券、按摩折扣券等，为居民提供更加多元化、专业化、便民化的服务与福利。通过每季度和年度评选服务最优爱心商家，印制商户联盟宣传单并在居民网格群、社区宣传栏等进行宣传，营造爱心付出、暖心回馈的良好氛围，为志愿服务注入强有力的公益力量。二是主动了解爱心企业负责人、爱心单位的慈善意愿，通过开展慈善演出、入户走访特殊群体、志愿结对等方式，帮扶重点群体、提升志愿服务、丰富社区活动。三是启动"社区发展专项基金"项目，以慈善捐赠、慈善义卖等形式充实基金池，实现社区自我"造血"功能，助力志愿服务积分兑换项目的长效运行。

（四）动态积分引导，激发小区自治驱动力

2019年首创国际社区探索开展积分制，对居民履行居民公约情况进行量化评分。随着小区文明情况小有成效，社区结合入户"敲门"行动，以积分奖励引导更多居民参与到小区自治项目中来。在敲门行动中，社区综合党员群众意见建议后，每年动态调整积分奖评细则和分值，每一分对应0.2元，可以在积分超市直接折算成现金使用或者兑换折扣券。通过"策由民商、规由民定"，居民有了主人翁意识，参与积分制的积极性也更高。社区为帮助物业破解高层楼道杂物堆积情况，在征集了党员骨干意见后，定制"百日微整治行动"，细化初期摸排、联合倡议、楼道红黑榜、定期复排的一系列办法，对长期保持、整治有效的楼层给予积分鼓励或表彰奖励，这项提议得到很多居民响应，也为小区物业破解治理难题打开了新思路。

在推行积分制过程中，社区始终坚持以人民为中心，不管是赋分清单还是评议事项，均需获得居民认可，满足居民的知情权、参与权，提升积分制的认可度和约束力，真正实现群众自治。

图 3　志愿者在积分超市兑换礼品

案例整理：崔雨楠

银龄志愿服务助力社区治理提质增效

——北票市台吉街道电厂社区党委书记林琳

一、社区基本情况

台吉街道电厂社区位于台吉街道东部，辖区总面积 0.27 平方公里，下辖 2 个居民小区，现有居民 1823 户，2783 人。社区党委下设 5 个党支部，共有党员 190 名。社区发挥党建引领作用，通过建强组织、组建特色队伍、抓实活动一套组合拳，积极探索离退休老党员、老干部助推社区基层治理的生动实践。推动离退休党建融入社区基层党建大格局，"离岗不离党、退休不褪色"，拓展老同志老有所为、老有所乐的大舞台，实现了党建引领高效能治理与高品质生活相融互促。

二、学习收获体会

林琳是台吉街道电厂社区的党委书记。林书记于 2024 年 5 月 6—10 日，参加了辽宁省委组织部举办的"全省社区党组织书记基层党建助力全面振兴突破三年行动省级示范培训班"。此次培训她受益匪浅、深受鼓舞，深刻认识到要努力做到学思践悟，切实把学习成果转化为推动工作的强大力量，聚焦基层党建工作重点难点，强化责任意识、发扬斗争精神，为辽宁全面振兴贡献自己应有的力量。

三、学以致用举措和成效

（一）坚持党建引领，建强基层组织

电厂社区内居民多为国企退休职工，针对此情况，电厂社区采取退休干部党员退休后"组织送到、个人报到、社区找到"相结合的方式，将党组织关系在册的机关、企事业单位退休干部党员和居住在辖区的退休干部流动党员纳入社区统一管理。倡导退休干部党员到社区党组织下属的网格、楼栋等担任网格长、楼栋长，有力地加强了社区基层党组织建设，带动了社区年轻党员思想进步、党性提高。通过离退休干部的带头作用，把更多的离退休党员凝聚在党组织周围，带动其他老同志发挥"夕阳增辉"作用。

（二）加强队伍建设，凝聚工作合力

电厂社区有老党员 169 名，他们多年接受党的教育和培养，党龄长、威望高、党性强，经验丰富，组织架构建好后，更能调动其积极性，充分发挥基层党组织战斗堡垒作用和党员示范引领作用。为进一步激发退休老党员干事创业的热情和动力，电厂社区党委积极探索新形势下推动基层党建工作的新方法、发挥党员先锋模范作用的新途径，充分挖掘各支部"差异性"的工作亮点：一是建设"关心下一代特色支部"。利用老党员特长，将"一个支部一座堡垒，一名党员一面旗帜"充分体现在实际工作中，关心关爱青少年的健康成长，将楼院辅导站作为开展留守儿童工作的切入点，积极开展党史国史教育、传统文化教育、法治教育、安全教育等，引导青少年爱家、爱国、爱党；开办书法班、绘画班、课后辅导班；建立留守儿童台账，开展针对留守儿童的扶贫帮困活动；开展寓教于乐的文体活动，丰富青少年的业余文化生活。为铸造辖区青少年健全的人格、培养高尚道德品质发挥了积极作用。二是打造"文体活动特色支部"。发挥有文体特长老党员的作用，打造文体活动特色支部。特色支部有模特队、广场舞队、乒乓球队、"文艺剧团"等团体，平时排练，用时演出，不仅是社区节日活动的主力，还多次参加街道、全市组织的大型活动，演出 30 多场，观看群众近万人次，极大地增强

了社区党员与居民的归属感和认同感。三是创设"红色楼管会特色支部"。退休老党员们协助社区发现问题、反映问题、参与解决问题。设立楼栋长、单元长，制定楼管会职责，建立楼栋微信群，线上沟通互动，及时了解居民困难和需求，倾听居民的意见和建议，第一时间发现和解决问题。及时将社区重大事项及热点难点问题公布于众，征求社情民意，提高居民参与度和满意度。通过挖掘各支部特点，电厂社区形塑出了"一支部一特色"的基层党建格局，力求在服务党员群众上有新思路、在活动开展上有新形式、在作用发挥上有新跨越，切实让新时代基层党建焕发新活力。

图 1 "关心下一代特色支部"六一儿童节巧手做蛋糕活动

图 2 "文体活动特色支部"元旦晚会表演

（三）拓宽活动载体，助推作用发挥

电厂社区居民整体文明程度、文明素质较高，基层治理基础好。离退休人员兴趣爱好广泛，多才多艺，开展志愿活动及文体活动等社会资源丰厚。组建老党员工作室，提供专业服务。2016年成立小兰工作室，社区退休老党员张小兰，多年来一直带头发挥党员先锋模范作用，利用自身特长，关心关爱青少年的健康成长，将楼院辅导站作为开展留守儿童工作的切入点，积极开展党史国史教育等，开办书法班、绘画班、课后辅导班，开展寓教于乐的文体活动。

图3　小兰工作室"党在我心中"主题演讲活动

（四）组建志愿服务队伍，贡献"银发"力量

借助社区新时代文明实践站，充分发挥退休人员组织优势及才能，组建老党员志愿服务队，他们在环境整治、政策解读、法规宣传、民意调查等工作中积极参与、勇于担当，为社区建设贡献"银发"力量。组织参与文体活动，激发社区活力。开展红色教育活动，坚守初心使命，组建政治素质好、理论水平高、党史学养厚、红色故事精的宣讲团，以报告会、红色故事会、奋斗创业故事、宣讲会、座谈会等方式，扎实开展红色基因传承教育活动。"银发"宣讲团已开展报告、故事会等10余场次，覆盖党员群众600余人

次，受到了党员群众的广泛赞誉。

图 4　退伍老兵宣讲红色故事

电厂社区以党建引领激活"银发力量"，创新构建"党建＋银龄"志愿服务体系，让退休老年人在社区志愿领域发光发热，成为基层治理的"红色引擎"。未来，电厂社区将推动"老有所为"与基层治理深度融合，构建代际共融的全龄友好型社区典范，让银发力量成为社区治理的温暖底色。

案例整理：崔雨楠

微光成炬：志愿服务照亮社区角落

——阜新市彰武县彰武镇百亩园社区党总支书记赵焱

一、社区基本情况

彰武镇百亩园社区位于建兴小区院内，城乡居民混居，辖区面积0.78平方公里，社区办公场所564平方米，社区总户数4011户（平房1205户），总人口5275人，低保户54户65人，残疾人84人；社区下设2个党支部，4个党小组，党员总数98人，社区工作人员10人。有11支志愿者服务队。社区以"党建+志愿服务队+网格化"的治理模式，亲情引导思想教育，支部委员上门讲学，网格长们在手机微信群里开展"指尖"送学，将党的好政策、方针、思想进行宣讲；整合基层网格员队伍，通过自己选岗、支部定岗、总支核岗的确岗方式，分责任区、领任务、选示范岗，重点针对支部弱势群体，开展心灵慰藉、康复理疗、助洁、慰问等服务活动。

二、学习收获体会

赵焱是彰武镇百亩园社区党总支书记。赵书记于2024年5月13—17日参加了辽宁省委组织部举办的"全省社区党组织书记基层党建助力全面振兴突破三年行动省级示范培训班"，这次培训犹如一场及时雨，让他对基层党建工作有了更深刻的认识和理解，通过学习先进的党建工作经验和案例，深刻认识到只有不断加强基层党组织建设，才能更好地发挥党组织的凝聚力和战斗力，引领广大群众共同奋斗。培训虽然短暂，但带给他的启示和思考却是深远的。他深刻认识到必须把所学所悟运用到实际中，努力提升基层党建工作水平，为党的事业发展贡献自己的力量，不辜负党组织的信任和重托。

三、学以致用举措和成效

（一）多元阵地聚能，志愿服务满格

百亩园社区志愿者服务队把开发多元服务阵地作为关键任务，精心整合社区内的各类资源。一站式服务大厅成为收集居民需求的前沿窗口，社区工作人员和志愿者在这里耐心倾听居民诉求，详细记录他们对志愿服务的期望与建议。小广场则成为活力中心，清晨有太极拳队舒展身姿，傍晚广场舞队、秧歌队翩翩起舞，充满生机。社区书屋为居民提供知识滋养，定期组织读书分享活动；党员活动室成为凝聚党员力量、开展志愿策划的重要场所；居民日间照料室则为社区里的老年人提供温馨的休息和娱乐空间。

图 1　为志愿者发放荣誉证书

社区还组建了秧歌队、广场舞队、舞蹈队、佛操队、太极拳队等文化队伍，在百亩园社区新时代文明实践站小广场开展各类健身娱乐活动。这些队伍在各类比赛中屡获佳绩：秧歌队在"彰武县首届民间文艺汇演"中荣获优

秀表演奖，广场舞队获县优秀表演奖，太极拳队在全县全民健身会演中获得了优秀表演奖。

此外，志愿者们注重自我提升，年初在社区会议室共同学习《志愿服务条例》，增强服务意识，提升服务水平。学习结束后，志愿者代表开展"送温暖——志愿在行动"活动，定期关怀贫困老人，为他们送去生活物资，并与老人热情交流，了解他们的需求。

（二）贴心服务相伴，守护健康家园

百亩园社区卫生服务站的工作人员积极加入志愿者队伍，每年为 65 岁以上老人提供免费体检服务，平时还为居民免费测血糖、量血压、熬汤药等。社区致力于打造专业的中医理疗馆，融合传统中医理疗技术与现代管理模式，为居民提供高质量的中医养生服务，塑造独具特色的中医理疗品牌。

社区志愿者赵秀杰与孤寡老人张柏华之间的故事，温暖着整个社区。张柏华无儿无女且体弱多病，生活上有诸多不便。赵秀杰得知情况后，主动承担起照顾张柏华的责任。每天，赵秀杰出门后的第一件事就是前往张柏华家，看看老人的身体状况，询问是否有需要帮忙的地方。如果自己家里做了好吃的，赵秀杰一定会给张柏华送一份。在赵秀杰的悉心照料下，张柏华的生活得到了极大的改善，精神状态也越来越好。张柏华常常感动地说："赵秀杰就像我的亲人一样，没有她的照顾，我真不知道该怎么办。"

除此之外，为提升居民的法律意识和维权能力，2019 年 6 月 5 日，社区爱心志愿者团队创建了"百亩园社区法律讲堂"微信群。群内有专业律师团队免费为居民讲解法律知识，及时解答居民的法律咨询，让居民足不出户就能解决法律问题。

（三）爱心接力同行，共筑文明社区

社区志愿者服务队始终将维护社区环境、倡导文明行为作为重要职责。他们对社区主要场所进行卫生监督，无论是社区道路、公园绿地，还是楼道、垃圾桶周边，都能看到志愿者们认真巡查的身影。一旦发现不文明行为，如乱扔垃圾、随地吐痰、乱涂乱画等，志愿者们会立即上前劝导。他们

用温和的语气、耐心的态度，向居民宣传文明知识，引导大家养成良好的生活习惯。

退休老党员们在社区建设中发挥着不可或缺的先锋模范作用。92 岁的老八路王玉清，虽年事已高，但依然心系社区。他多次协调县里相关部门，积极为扶贫房居民争取修路机会。在修路过程中，他还亲自到现场监督施工进度和质量，确保道路修建符合标准。此外，王玉清老人主动承担起看管垃圾点的任务，每天都会去查看垃圾点是否清理干净，引导居民正确投放垃圾，为保持社区环境整洁付出了辛勤努力。

社区志愿者们还主动承担起宣传工作的重任。老党员仲秀华介绍说，志愿者们早已形成了默契，像下雪时主动清理积雪这样的事，不用任何人组织和动员，大家都会在微信群里自发交流并行动起来。在宣传工作中，志愿者们通过张贴宣传海报、发放宣传资料、上门讲解等方式，向居民普及知识，提醒居民做好个人防护。

图 2　仲秀华老人带队宣传

90 岁的老干部单希安，怀着一颗为社区作贡献的热忱之心，主动报名参加社区志愿工作。考虑到他年事已高且患有严重心脏病，社区没有安排他参与户外巡逻工作，而是让他担任楼长。单希安老人认真履行楼长职责，每天坚守岗位，仔细观察楼内人员出入情况，一旦发现外来人员，便会及时报告社区，为社区的安全稳定贡献着自己的力量。

　　通过多年来的志愿服务活动，社区的方方面面都发生了可喜的变化。更重要的是居民精神面貌变了，笑脸多了，邻里纠纷少了，治安案件已连续多年为零。2019 年 9 月，百亩园社区成立了新时代文明实践站。依托这一平台，社区的志愿服务工作更加完善。把志愿服务与社区党建深度融合，用群众喜闻乐见的形式，打通宣传群众、教育群众、服务群众的"最后一公里"。

案例整理：侯鸿楠

传承志愿精神　共建和谐社区

——锦州市黑山县黑山街道兴工社区党委书记王超

一、社区基本情况

黑山街道兴工社区成立于 2002 年 3 月，位于黑山县城西南部，占地 2.6 平方公里。经过多年的发展，这片土地上汇聚起了 16 家驻社区单位和 18 个居民小区，常住人口达到 7752 户，总人口数为 15997 人。兴工社区将新时代文明实践与社区治理相结合，吸引社区居民、退休党员及网格员，组建了网格员志愿服务队、在职党员志愿服务队、"五老"宣讲服务队、"春之约"合唱艺术团、众城社工服务中心、爱之家志愿服务队、阳光爱心志愿服务队、兴工社区舞蹈队、大学生志愿者服务队、兴工社区乒乓球队等 10 支充满活力的志愿服务队伍，开展助老助残、文艺活动、理论宣讲等志愿服务项目，提升居民幸福感。

二、学习收获体会

王超是黑山街道兴工社区的党委书记。2024 年 5 月 27—31 日参加了中共辽宁省委组织部举办的"辽宁社区工作者学院 2024 年培训班"学习。此次培训精心策划，采用专题授课、分组讨论、座谈交流、参观学习、集体学习互动等多元化的形式开展，虽然仅仅历时五天，但他受益匪浅，深刻认识到工作中取长补短的重要性，社区的发展需要全方位采取措施，要学会将劣质转化为优质，汲取先进经验，力求让社区工作更上一层楼。

三、学以致用举措和成效

（一）暖邻关怀志愿行

兴工社区聚焦弱势群体帮扶，致力于提升居民幸福感。在养老助残方面，社区设立日间照料中心并组织相关活动，为孤寡老人和残疾人等群体提供温暖和关怀。针对青少年成长，众城社工服务中心常年帮扶困难学生和留守儿童，邀请心理咨询师免费为青少年进行心理疏导，资助 20 余名困难学生。爱之家和阳光爱心 2 支志愿服务队聚焦低保户、残疾人、孤寡老人等弱势群体，定期送去生活必需品，主动提供打扫卫生、理发、量血压等服务。服务群众已达 100 余户，300 余人次，切实解决了居民的急难愁盼问题，增强了社区凝聚力，让居民切实感受到社区的温暖与关怀。

图 1　众城社工服务中心爱心助学志愿活动

（二）爱国思想志愿宣

社区大力推动志愿服务与社区党建深度融合，在志愿服务活动中充分发挥党建引领和党员先锋模范作用。统筹整合各方资源，与社区、物业、公安、社会治理等多个部门形成合力，发挥优势共同服务群众。在社区，志愿服务已然升华为一种独特文化，"春之约"合唱艺术团便是典型代表，他们以唱红歌、舞蹈、诗朗诵等多种形式，先后举办了多次大型文艺汇演，宣传习近平新时代中国特色社会主义思想，不仅充实了居民的文化生活，还极大地激发了居民的爱党爱国热情。通过广泛开展活动，成功调动了居民尤其是年轻群体的爱国热情和参与志愿服务的积极性，有力地推动了社区和谐发展。

图 2 兴工社区"春之约"合唱艺术团庆祝建党 103 周年文艺汇演

（三）红色薪火志愿传

理论学习和政策宣讲是社区政治教育的重要组成部分。"五老"宣讲服务队以理论素养高的老干部为核心，充分发挥专业优势，深入社区开展理论学习与政策宣讲。采用"党史+文艺"、诵读分享等群众喜闻乐见的形式，围绕党的二十大精神、党的二十届三中全会精神、习近平总书记系列重要讲话精神以及社会主义核心价值观等内容进行宣讲。通过一系列宣讲实践活动，理论学习教育接地气、有温度，惠民利民政策更加深入人心，切实提升了居民的政治素养。

兴工社区极为重视红色基因传承，致力于将红色精神与传统美德传递给下一代。为更好地学习和传承红色基因，兴工社区丰富学习形式，组织党员干部和入党积极分子到黑山县 101 阻击战纪念馆开展学习。踏入黑山县 101 阻击战纪念馆，庄严肃穆的气息扑面而来。每一处展览仿佛在诉说着那段波澜壮阔的历史。党员们怀着崇敬的心情，仔细聆听解说员的讲解，思绪被带回到那个战火纷飞的年代，深刻感受到革命先辈们为国家独立、民族解放所付出的巨大牺牲。他们在极其艰苦的条件下，坚定地高举革命旗帜，与敌人进行了不屈不挠的斗争。这种顽强的意志和坚定的信念深深触动了每一位党员。老一辈党员以亲身经历和奉献精神，影响和教育着社区中的年轻人，让红色基因在一代代居民中生根发芽。

图 3　兴工社区爱之家志愿服务团队参观烈士陵园

兴工社区始终秉持以居民需求为导向的理念，持续提升社区志愿活动水平。通过不断学习与实践，积累了丰富经验，也更加坚定了前行的信心。展望未来，社区将持续聚焦弱势群体，深化志愿服务，扎实开展理论学习教育和政策宣讲活动，用实际行动传承红色基因，凝聚各方力量，共同打造幸福美好的家园。

案例整理：侯鸿楠

党旗飘扬映社区，服务利民谱新篇

——葫芦岛市连山区连山街道金科社区党支部书记谭跃辉

一、社区基本情况

连山区连山街道金科社区始建于 2017 年，辖区面积 21 万平方米，由 4 个小区、41 栋楼组成，共有 5 个网格党小组，常住户数 2688 户，常住居民 4425 人。社区有低保户 15 户，边缘户 2 户。金科社区治理工作重点在于对弱势以及困难群体的帮扶。金科社区以党建引领基层治理现代化为核心，创新"四服务"模式，针对群众实际需求，提供定制化服务，围绕"一老一小"及残疾人等人群开展便民关爱服务。通过激活基层治理"神经末梢"，提升社区为民服务水平，将组织优势转化为民生福祉，金科社区这种便民服务模式不仅践行了以人民为中心的发展思想，更以精准帮扶促进社会公平正义，为社区治理提供了可复制的温情样本。

二、学习收获体会

谭跃辉是连山街道金科社区的党支部书记。谭书记于 2024 年 4 月 15—19 日参加了辽宁省委组织部举办的"全省社区党组织书记基层党建助力全面振兴新突破三年行动省级示范培训班"。此次培训以专题授课、分组讨论、案例交流、参观学习等形式开展。为期五天的学习，几位教授高屋建瓴的政策解读和理论讲授，让她对新时代社区治理的方针政策有了更加全面和深入地理解。培训中，来自全省各地的优秀社区工作者分享了他们的宝贵经验和成功案例，他们创新的工作方法，务实的工作态度，以及李月娥老师的精彩点评，让她茅塞顿开。她深刻认识到，社区党支部书记是连接党和群众的桥梁，是社区发展的"领头雁"。一定要坚定理想信念，勇于担当作为，以实际行动践行党的宗旨，创新党建引领社区服务建设，打造共治共建共享新格局。

三、学以致用举措和成效

（一）提升工作人员业务能力，做到"会服务"

社区是一个既讲人情又讲法理的地方，做好社区工作不仅要有情怀，更要用理论武装头脑，引领利民工作。习近平总书记强调："社区工作是具体的，要坚持以人民为中心，摸准居民群众各种需求，及时为社区居民提供精准化精细化服务。"为切实达成利民目标，做到"会治理"，社区工作者不仅要"会说话"，更要"会聆听"居民诉求、"会解答"群众疑惑、"会处置"各类难题。

在日常工作开展中，社区通过召开会议的形式传达上级利民精神与工作部署。面对实际工作中出现的问题，大家都会汇总并在会上共同研究探讨。通过不断强化学习，社区工作人员持续提升业务素质与解决实际问题的能力，力求成为站起来能说、坐下来能写、走出去能干的"全岗通"综合服务人员，更好地服务民众，使他们感受到社区的温情关怀。金科社区内有一户特殊家庭，母亲智力、肢体双2级残疾，孩子视力4级残疾且患有脑生殖细胞瘤，手术后瘫痪在床，而孩子父亲抛下这对母子离去。社区工作人员在了解情况后，第一时间成立关爱小分队，每日不定时上门查看母子俩的需求。工作人员不嫌脏累，孩子衣服脏了帮忙清洗，家里卫生需要打扫就撸起袖子动手。有时工作人员还会把家里适合孩子的玩具、衣物带去送给他们。一年间，社区共为这户家庭捐款捐物价值3000余元，提供志愿服务累计400余小时。在社区的悉心帮扶下，这对母子的生活基本步入正轨，孩子妈妈也重新燃起对生活的希望。社区以实际行动诠释着利民之举，将关爱与温暖传递到居民身边。

图 1　走访残疾人困难家庭

（二）聚集多元主体力量，实现"汇服务"

金科社区创新构建多元协同治理体系，通过"党建引领＋资源整合"模式，联动物业公司、社会组织、爱心企业、业主委员会、"大党委"成员单位及民盟组织等多元主体，充分整合社区党建资源，建设社区治理共同体。聚焦基础设施改造、环境整治、弱势群体帮扶等多方面治理难题，建立联席会议机制，通过季度协商会、专题恳谈会、网格走访等形式解决民生问题，实现组织共建向服务共抓、发展共谋的深度延伸。针对社区内的 15 户低保家庭、2 户边缘困难家庭，社区党委建立"三维帮扶"机制：一是搭建资源对接平台，与共建单位签订结对帮扶协议，累计筹措帮扶资金 23.6 万元；二是组织 268 名党员志愿者开展"周末零距离"行动，提供居家保洁、安全巡检等定制服务 127 次；三是构建长效保障网络，联合社区卫生服务中心、法律援助站等单位，建立健康档案管理、就业技能培训等 6 项常态化帮扶制度。通过组织联建、服务联抓、资源联用，切实将制度优势转化为民生兜底保障效能，打造出具有示范效应的共建共治共享实践样板。

（三）开展智慧化网格治理，打造"慧服务"

金科社区创新构建"三级联动·数智赋能"基层治理体系，以组织架构重构推动治理效能跃升。基于大数据分析辖区 12 个居民小区、3680 户常住人口及 127 名在册党员的分布特征，科学划分 5 个标准化治理网格，构建"街道党工委统筹决策—社区党支部协调推进—网格党小组精准落实"的三级组织架构，实现党组织覆盖率 100%、服务响应半径不大于 300 米的精细化治理格局。5 个网格党小组配备专职网格员，通过"一日双巡"制度采集居民信息，使社区更加了解每家每户的具体情况，为其开展精准化便民服务，有效推动基层治理从"经验驱动"向"数据赋能"转型升级。

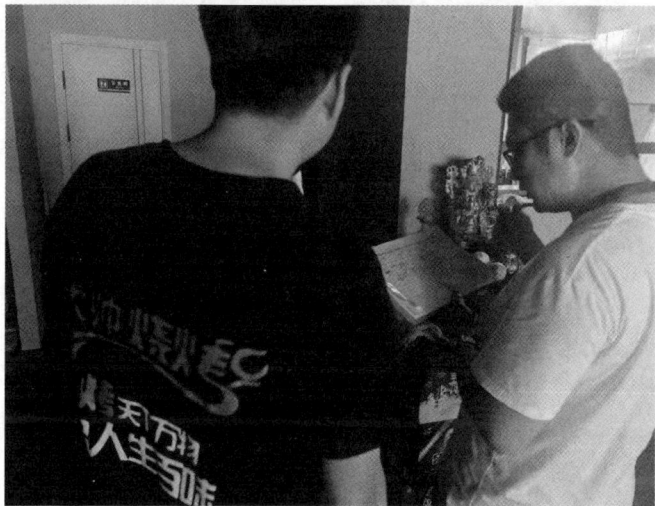

图 2　网格员"一日双巡"入户走访

（四）发挥治理"领头雁"作用，开展"辉服务"

不难看出这个"辉治理"是谭跃辉名字的最后一个字，也是代表她作为社区"领头雁"的一个特色的服务标志。她不仅主动延长服务时间，还在居民群、物业群、业委会群等各个渠道公开了各位社区工作主要负责人的手机号，24 小时开机，居民有急事有难事，一个电话就能直接联系到，随时倾听居民的困难，及时处置。社区工作人员还坚持"主动倾听、主动对接、主动服务"，通过网格员走访搜集、上门问需等方式，每天把居民关心的热点难点问题一一在她们的工作群里罗列出来，争取做到当日事当日毕，当天解决不完的，也会安排社区委员，一事一人，做好跟进和解释工作。她坚信，通过社区工作人员不懈的努力，一定能出色地做好社区各项工作，必将得到居民群众的认可，提高社区居民的满意度和幸福感。

图 3　帮助居民沟通供暖问题

　　金科社区始终以习近平总书记"以人民为中心"的重要论述为指引，将"人情温度"与"治理精度"深度融合，构建起"党建引领、多元协同、智慧赋能、服务增效"的治理新范式。社区工作者既锤炼"会倾听、会解答、会处置"的专业本领，更厚植"把居民当家人"的服务情怀，生动诠释了"民有所呼、我必有应"的治理担当。金科社区将以"永远在路上"的韧劲，持续探索社区便民利民服务开展新路径，让共建共治共享的治理之花绽放更绚丽的光彩。

案例整理：崔雨楠

做实基层志愿服务，创新基层工作服务模式

——抚顺市望花区演武街道党工委副书记赖国行

一、街道基本情况

演武街道位于望花区东南部，2019 年行政区域调整时由演武街道、望花创业园区合并而成，属于城乡接合区域。辖区面积 18.2 平方公里，下辖 12 个社区、3 个行政村，常住人口约 3 万人。演武街道坐拥得天独厚的自然环境，抚顺市西露天矿观景台坐落在辖区内，同时拥有抚顺市煤精琥珀博物馆、抚顺煤矿博物馆、抚顺市大官窑文化产业园等文旅景观。

演武街道可以作为老工业城区的一个典型缩影，辖区内分布有抚顺矿业集团西露天矿、抚顺矿业集团琥珀造纸厂、城南热电、中机热电等大型企业。近年来因煤而兴的辖区经济在资源枯竭型城市的注脚下逐渐展露了人口老龄化的问题，辖区内户籍人口近一半为 60 岁以上老年人，近五分之四的房屋为老旧小区。在创新发展方面，自 2013 年以来演武街道通过扩大招商引资路径培育了抚顺鸿邦装备技术有限公司、抚顺洁花环保科技装备有限公司、辽宁抚矿三峰亿金环保能源开发有限责任公司等一批科技 + 环保型企业，围绕望花经济开发区整体规划，逐步完善基础设施建设，为下一步承接全省固废产业项目预留了发展空间。

二、学习收获体会

赖国行是演武街道党工委副书记、政协工委主任、政法委员（兼）。2024 年 6 月 17—6 月 21 日他参加了辽宁省委组织部－辽宁社区工作者学院举办

的"辽宁省街道党工委副书记能力素质提升省级示范培训班"第四期的学习。在学习期间，学院聘请的各位专家、老师细致仔细授课，将党的最新政治理论、实践经验毫无保留地教授给学员，让参训学员能够系统性地将党的建设、社会发展、国内外形势进行高纬度构架，从全局的角度更加准确、深刻地理解基层党建工作的重要意义。通过学习，他对"郡县治、天下安"有了更深一层的理解，摸索出创新基层党建工作模式，发挥基层党组织战斗堡垒作用，夯实基层治理基础，通过提升基层党组织创新力、凝聚力、号召力为社会治理提供有效保证。

三、学以致用举措和成效

演武街道党工委围绕抚顺市望花区"新时代四化党建"工作，把"暖心润心的文化党建"作为切入点，探索"刘全国式党员家庭代办站"建设这个新路径，因地制宜地将学习的经验与辖区实际相融合。通过"委员连心港 – 党员代办站"这个实践试点，发挥政协委员的横向带动、纵向拉伸作用，激发了辖区"融合联动的区域化党建"脉络。通过党员家庭代办站这个枢纽，将党员、志愿者、居民紧紧联系到一起，以志愿服务为出发点，动员多方力量积极参与社区志愿服务，提高辖区内居民的幸福感和满意度。

（一）践行"两邻"理念，突出基层志愿服务创新力

建立"委员连心港 – 党员代办站"是演武街道党工委践行"两邻"理念的创新之举。在社区治理当中，"共治共建共享"是基层治理的重要组成部分，鼓励居民参与社区建设是完善社区治理体系的重要环节。考虑到辖区内党员、居民普遍年龄偏大，演武街道党工委借鉴"六创六邻"工作法中的部分经验，将政协委员之家变成党员家庭代办站，为居民提供如送菜送药、免费送医、代缴水电费、免费理发、义务救援等多种形式的服务，最大限度地发挥基层代办力量、委员力量。代办站建立后，已经覆盖了辖区内的 10 栋居民楼，代办服务内容也逐渐创新发展，与望花区塔峪镇合作的"6+1"党群共富活动为塔峪镇开拓农产品销路，开了镇街"区域化党建"的先河，不断丰富代办站的功能和辐射范围。

图 1　成立政协委员家庭代办站

（二）落实为民服务，彰显基层志愿服务凝聚力

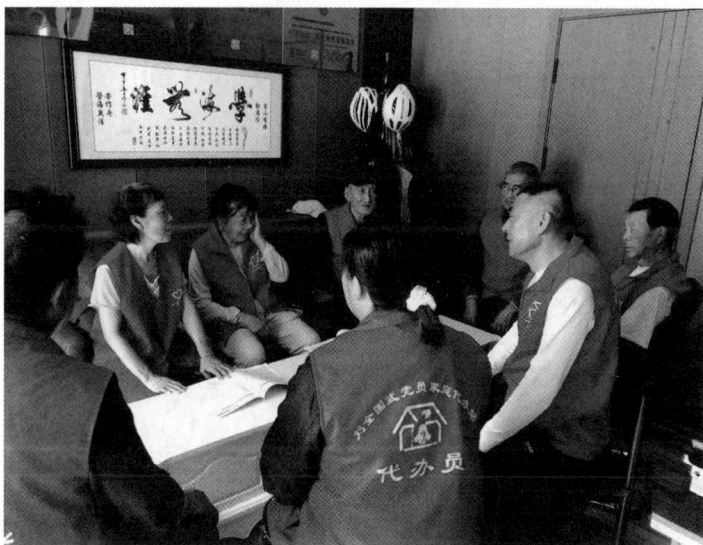

图 2　代办员召开代办工作议事会

代办站站长刘军是望花区政协常委、委员，他用自己的实际行动践行代办员无私奉献的精神，平日里他帮助独居老人洗澡、理发，利用自身企业坐落在辖区的便捷条件，将单位打造成了"委员连心港－党员代办站"，出资

购买了苗木、花种、割草机等园林用品，组织社区十余名代办站站长、代办员打造两个便民小花园。2024 年 8 月委员代办站又增设了代办联系卡，让居民不用到社区、街道寻求帮助，通过电话就可以咨询政策、寻找代办服务，让代办站越来越有人气，提升了代办站的知晓度和满意度。通过代办站，演武街道的居民与基层党组织的距离拉近了，群众与党员的心连在了一起，紧密的力量凝聚在了各个代办站当中。

（三）加强区域联动，提升基层志愿服务号召力

演武街道以"融合联动的区域化党建"思路拓展代办站的服务队伍，街道党工委副书记、武装部长在内的 4 名工作人员作为抚顺市蓝翼救援队成员进驻代办站，在代办站成立了"中华志愿者协会应急服务队演武分队"，在 2024 年 7—8 月帮助寻回两名走失居民。在代办站的不断号召和影响下，越来越多的党员、居民、政协委员加入到代办队伍，让连心港、代办站成为居民解决日常问题的"第一米"，各界人士踊跃参与代办活动，为辖区居民提供改裤脚、手机贴膜、疏通上下水、电路管线维护等专业性较强的服务，越来越多有特色的代办项目开始让群众受益。

图 3　代办站为居民更换暖气片

案例整理：王晓晴

|第六部分|
社区文化建设

　　社区作为人们生活的基本单元，不仅是居住的空间，更是承载着居民情感与精神寄托的港湾。社区文化建设，作为提升居民幸福感、增强社区凝聚力的重要途径，正逐渐成为社区治理的核心内容之一。它以文化为纽带，通过丰富多彩的文化活动、独特的文化氛围和积极向上的价值观念，将社区居民紧密联系在一起，让社区真正成为充满活力与温情的大家庭。

　　在社区文化建设的实践中，无数社区工作者和居民们携手共进，创造出一个个鲜活而生动的案例。他们以文化活动为载体，举办各类文艺演出、传统节日庆典、读书分享会和手工制作活动，让居民在参与中感受文化的魅力；以社区环境为依托，打造文化长廊，让文化元素融入社区的每一个角落；以社区精神为核心，挖掘社区的历史文化底蕴，弘扬邻里互助、团结友爱的价值观念，让社区文化成为居民共同的精神家园。通过这些实践，社区文化建设不仅提升了居民的生活品质，更增强了社区的凝聚力和向心力，为社区的可持续发展奠定了坚实基础。

社区文化，是居民心灵的栖息之所，是邻里情谊的纽带，更是社区灵魂的基石。它以润物无声的方式滋养着居民的心灵，凝聚着社区的向心力，让每一个生活在其中的人都能感受到家的温暖与归属感。希望通过典型案例的分享，能够激发更多社区工作者和居民的创造力，鼓励他们以文化为笔，以社区为纸，共同绘制出更加丰富多彩的社区文化画卷，让社区真正成为居民心灵的归宿和精神的家园。以下案例将主要体现文化建设在社区治理中的经验和成效。

红星闪耀社区，薪火相传新风

——朝阳市双塔区龙山街道机场社区党委书记陈小峰

一、社区基本情况

　　龙山街道机场社区，是 2001 年成立的是一个老旧小区较多的社区，有居民 4035 户，8330 人。机场社区本着"以人为本"的服务理念，以"服务居民"为宗旨，以党建工作为统领，以创建和谐社区为目标，把"人性化服务"理念贯穿于实际工作中，以开展"十五分钟便民服务圈""网格化管理"为主线。现已形成以社区党组织为核心，辖区单位和广大居民积极参与的社区建设的网格化格局。机场社区以标准化建设为抓手，把转变工作作风、与服务群众活动有机结合，为居民办理各项业务提供便利，及时了解社情民意，积极协调解决居民反映的实际问题，遏制不安定因素，确保辖区社会安全稳定。

二、学习收获体会

　　陈小峰是龙山街道机场社区的党委书记。陈书记于 2024 年 4 月 15—19日参加了辽宁省委组织部举办的"社区党组织书记基层党建助力全面振兴新突破三年行动省级示范培训班"。此次培训以专题授课、分组讨论、座谈交流、参观学习、集体学习互动等形式开展。为期五天的学习让她深刻认识到要注意取长补短，全方位采取措施和运用载体学会将劣质变优质，争取在低起点上作出成绩。

三、学以致用举措和成效

（一）老兵助力党史宣讲 赓续抗美援朝精神

机场社区邀请抗美援朝老战士刘芳华开展爱国主义宣讲，讲述他参加抗美援朝战争的经历，从入朝作战的初体验到与战友们并肩作战的英勇事迹，再到面对困难与挑战时的坚韧不拔，每一个细节都饱含深情，让在场的听众深受感动。刘老还特别提到了战争中的感人瞬间，如战友间的无私互助、与朝鲜人民的深厚友谊等，这些故事让社区居民们更加深刻地理解了战争的残酷与和平的珍贵。在互动环节，居民们纷纷向彭老提问，想了解更多关于战争的历史细节和老先生的个人经历。刘老耐心细致地一一解答，他的讲述不仅让居民们更加深入地了解了抗美援朝战争的历史，更让他们感受到了革命先烈的英勇无畏和伟大精神。

机场社区运用形式灵活的互动交流，使红色历史变得更加鲜活，英雄事迹更加丰满，精神感召更加震撼。让社区居民和党员群众进一步坚定理想信念、传承红色基因、弘扬革命精神，同时也激发了大家知史爱党、知史爱国的学习热情。"牺牲战友光荣地完成党和国家赋予的任务，我要把他们的故事讲好，把革命精神传下去。"离休后，刘芳华致力于红色宣讲，让更多的人了解和记住那些最可爱的人。每当看到居民聆听时专注的模样，刘芳华把革命故事讲下去的信念就更加坚定。

（二）走访慰问老党员 躬身问计传薪火

春节期间，龙山街道及机场社区工作人员到老党员家中走访慰问。每到一户老党员家中，社区干部详细了解老人的身体状况、日常生活，送上关心和问候，嘱咐他们保重身体，有需求和困难及时向社区党组织反映，"组织还这么惦记我，专程上门给我送来最新的学习资料，我非常高兴，今后一定多学、多看、多听，争取做一名与时俱进的合格党员。"老党员的家布置得简单而整洁，处处透露出质朴的气息。他热情地接待工作人员，脸上洋溢着和蔼的笑容，眼神中闪烁着历经岁月沉淀后的智慧与坚定。通过交谈得知，他在入伍期间加入中国共产党，当时的条件十分艰苦，但那颗为人民服务、为党奉献的初心无比炽热。在工作中，无论遇到何种艰难险阻，他都始终牢记党员的使命，冲锋在前，从不退缩，用实际行动诠释着对党和人民的忠诚。在谈及对年轻党员的期望时，老党员语重心长地说："年轻人要时刻牢记党的历史，珍惜现在的美好生活，坚守信仰，不断学习，实实在在为群众做事，把党的优良传统传承下去。"

社区走访慰问老党员不仅为他们带来了物质上的支持，更重要的是给老党员们带来了心灵上的慰藉，让他们感受到来自党组织的温暖。通过这种面对面的交流，老党员们也分享了对社区发展的思考和建议，展现了他们对党和国家的忠诚以及对社会的责任感。活动中，陈书记还鼓励老党员们"退休不褪色，离岗不离责"，希望他们能够继续为社区建设贡献智慧和经验，发挥余热，主动参与到社区治理和服务中来。

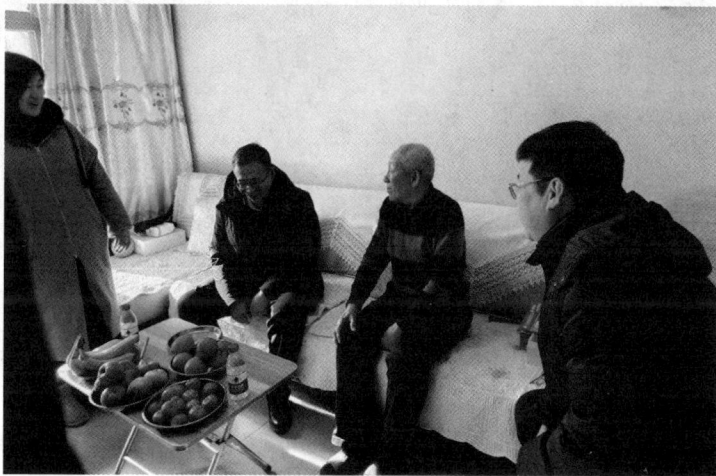

图 1　社区工作人员与老党员亲切交谈

（三）传承红色基因　言传身教学"雷锋"

青少年是祖国的未来，他们的所思所想直接影响着中华民族未来的走向。为全面提升社区居民的国家意识和爱国爱党情怀，机场社区党员、退役军人、双塔区珠江路小学党员、少先队员走进朝阳市烈士陵园开展清明祭扫英烈活动。党员们、少先队员们明确了纪念革命先烈就是要永远不忘他们为党和人民建立的卓著功勋，永远不忘他们用鲜血和生命铸就的民族精神。在此过程中开展祭英烈仪式，向烈士纪念碑默哀致敬，向英烈献花，听取老兵烈士纪念碑下致辞，向先烈学习他们的精神，党员们表示牢记革命历史，传承英烈精神，在实际行动中不忘初心、砥砺前行。少先队员们表示要向优秀的党员看齐，好好学习，热爱祖国。让英烈见证少先队员们的成长，让先辈见证少先队员们实现伟大复兴的中国梦！用切实可行的计划和脚踏实地的行动传承红色基因，将英雄精神印记在每位党员、少先队员心中。

图 2　学生们聆听"老雷锋"朱信的事迹报告

为进一步增强青少年传承雷锋精神的自觉性，龙山街道机场社区与珠江路小学、朝阳市老年大学三方联动，开展"学雷锋·文明实践我行动"主题活动，组织学生走进社区，参与学雷锋志愿服务活动，帮助孩子们了解雷锋精神、树立社会主义核心价值观、接续薪火力量，如开设向"老雷锋"学习活动、慰问荣登中国好人榜的"老雷锋"朱信，传承雷锋精神。活动中，学生们积极参与垃圾分类宣传、清除小广告、清扫小区卫生等力所能及的社区活动。他们还以小组为单位，慰问辖区居民、荣登"中国好人榜"的"老雷锋"朱信，热情地与老人沟通交流，帮助老人打扫卫生。随后，学生们还聆听了"老雷锋"朱信同志的事迹报告和来自朝阳市老年大学邓老师所做的《雷锋精神永放光芒》宣讲。志愿者和同学们以实际行动践行了雷锋精神，弘扬了社会主义核心价值观。学生们纷纷表示，要学习雷锋精神，传承雷锋精神，争做新时代好少年。

机场社区通过构建多维红色文化体系，将革命精神转化为基层治理动能。未来，机场社区将创新红色志愿服务积分等激励机制，推动红色文化从单向传播转向全民共建。让革命文物在智慧展馆中焕新，让英雄故事在治理实践中续写，使红色血脉真正成为社区发展的核心驱动力。

案例整理：崔雨楠

以"诚善"之笔绘就社区精细化治理

——沈阳市沈河区南塔街道南塔社区友邻网格党支部书记贾智涵

一、社区基本情况

南塔街道南塔社区位于沈阳市沈河区南塔街 28 号，辖区面积约 0.38 万平方公里，有 6 个自然小区，居民楼 50 栋，总户数为 4726 户，人口 6569 人，居民党员 388 人。2019 年，社区以老旧自行车棚改造为契机，将辖区 39 号院升级打造为南塔幸福大院，以"诚善"为服务理念，涵盖邻里共享站、为民杂修点、诚善缝纫店、助邻国葆堂、放心修脚铺、积分超市等各项服务内容，幸福管家团队更是时刻维护大院卫生、守护大院安全，用实际行动感染更多邻里，加入志愿团队，为幸福大院贡献自己的一份力量。2022 年社区被沈阳市商务局授予"沈阳市品质型一刻钟便民示范生活圈"称号。

二、学习收获体会

贾智涵是南塔街道南塔社区友邻网格党支部书记、居委会副主任。2024 年 11 月她参加了辽宁社区工作者学院举办的培训班。学习期间，培训班安排了"习近平新时代中国特色社会主义思想辅导""网格化管理服务工作的方法与艺术""社区网格突发事件应急管理预案"等课程。培训以经验交流、现场教学、分组研讨等授课形式进行，给了她极大启发，丰富的培训内容、精彩多样的培训方式使她进一步拓宽了视野、更新了观念、提升了理论水平。她以此次学习为契机，汲取思想营养，吸收案例经验，做好党建"两个覆盖"，以党建为引领，以网格为依托，精细化服务，提升基层社会治理精细化水平。

三、学以致用举措和成效

贾智涵意识到要提升社区社会治理精细化水平，就必须坚持党建引领，实行"两个覆盖"即组织覆盖和工作覆盖，因此南塔社区党委推出了"诚善"工作法。"诚善治理"工作法以居住小区"微网格"为载体，倡导居民秉承"六诚六善"原则，即持诚念、存诚心、有诚意、讲诚实、做诚事、守诚信、学善行、习善训、养善心、说善言、行善举、积善缘，努力在社区居民中营造共有的思想精神家园，增强居民的凝聚力和归属感。

（一）坚持"共建共治"，宣扬"诚善"文化

一是优化设施建设。在对小区整体进行改造的基础上，以"诚善"为主题，着力打造了诚信示范街区，建设三个主题广场：健身广场、诚善广场、诚善文化中心广场。

二是评比诚善典型。南塔社区组织居民代表共同评比"诚善之星"，每位"诚善之星"都有自己的诚善故事，感染带动周边居民。铁仔卤香面是社区2024年新挖掘的一个非物质文化遗产项目，2024年4月首次举办了一场涉及特殊群体20余人的集体吃面活动，活动过程中介绍了"暖心面"的由来和制作工艺，以及制作过程，让居民了解"非遗"手工面的文化底蕴。企业负责人是一名退伍军人，他创业的初心就是将健康、安全、放心的美味送往千家万户，回馈社会，服务于民。

三是借力升级共享服务站。通过设立"诚善"银行储蓄积分制度，为居民搭建通过做诚事、行善举积累"诚善"积分的平台，党建联席会成员单位辽宁老年报社也为社区提供了价值千元的积分物品，社区居民每半年可到社区积分超市兑换礼品。社区也会将积分兑换情况进行公示，起到展示榜样人物、激励他人效仿的作用。网格员通过社区微信群等方式发布"召集令"，号召居民贡献家中不常用、可以应急的物品，集中存放到社区便民积分超

市，借力"积分小超市"建成"居民共享屋"。南塔社区"诚善文化节""共享屋"等活动先后被北国网、今日头条、幸福沈河等主流媒体报道。

图 1 "爱心积分超市"活动

（二）坚持"为民导向"，用好文化力量

习近平总书记在辽宁考察时强调：小康梦、强国梦、中国梦，归根到底是老百姓的"幸福梦"。社区党委将"诚善"文化融入社区工作的各个方面，与深入践行"两邻"理念有机融合，不断提升居民的获得感、幸福感、安全感。

一是举办诚善文化节，弘扬传统美德。通过文化节活动，评选诚信商户、行善之星，通过文艺活动的精彩表演，发扬诚善精神。同时，社区还利用春节、中秋节、重阳节等传统节日开展系列主题活动。

二是开展便民活动，丰富活动内容。以居民需求为主，向社区学院申请专业老师走进社区，开设书法、舞蹈、合唱、绘画等课程。充分发挥社会组织的带头作用，联合辽河画派南塔书画院在南塔公园开展居民写生活动，丰富居民文艺活动形式。

三是扩充便民服务项目，提升居民满意度。在现有服务基础上，南塔社区扩充便民服务项目，完善网格响应机制。更是广泛征求外卖小哥、快递小哥等"两新"组织群体意见，设立公共服务、暖心服务等功能区，全面推行"服务不打烊"制度，提供一站式服务和便民代办服务，让幸福大院成为服务群众、凝聚党心的主阵地。

图 2　诚善文化节

（三）"诚善"引导，发挥网格党组织服务功能

南塔社区作为"诚善"文化社区，在日常工作中，坚持"党建铸魂、诚信惠民、行善为邻"的工作原则，以"与邻为善，以邻为伴"的"两邻"理念为工作引领，聚焦为民、便民、安民领域，突出文化力量在和谐社区建设中的重要作用。

一方面，基层党组织的战斗堡垒作用进一步夯实。以"诚善"之笔，发挥基层党组织战斗堡垒作用和党员先锋模范作用，让基层治理焕发勃勃生机，用实际行动诠释"细微之处见真章"的理念，通过办好群众身边的小事，激发群众的参与热情。另一方面，退休居民业余活力进一步增强。通过整合社区资源，联合各类社会组织，开展符合居民身心特点、形式多样的文体活动，充分调动居民的参与热情和整体活力，相关活动被今日头条报道。居民"银龄"作用进一步彰显。老干部、老党员共同组建了一支经验丰富、智慧成熟的力量，发挥自身优势，争当政策法规的"宣传员"、社情民意的"观察员"、邻里纠纷的"调解员"等，在协助解决群众的困难事上，积极贡献余热，"银龄"作用生动呈现。

案例整理：王晓晴

| 第七部分 |

社区网格化治理

社区作为城市治理的微观单元，是连接政府与居民的重要桥梁，也是社会治理精细化的前沿阵地。随着城市化进程的加速和社会结构的日益复杂，传统的社区管理模式已难以满足居民对美好生活的需求。社区网格化治理应运而生，它以精细化、智能化为特征，将社区划分为一个个微小的网格单元，通过网格员的日常巡查和信息采集，实现对社区事务的全面感知与精准管理。这种模式不仅提升了社区治理的效率，更让治理的触角延伸到每一个角落，让每一个居民都能感受到治理的温度与力度。社区网格化治理的实践，为基层社会治理注入了新的活力，也为构建和谐社区提供了有力支撑。

在网格化治理的实践中，社区党组织书记扮演着至关重要的角色。他们是网格化治理的引领者、组织者和推动者，以敏锐的洞察力精准把握社区需求与问题，以坚定的执行力推动各项措施落地生根，以温暖的亲和力凝聚居民力量，共同参与社区治理。从网格的科学划分到网格员队伍的建设与管理，从问题的快速发现与解决机制到居民参与度的提升，从智慧技术在网格治理中的应用到社区文化与网格治理的深度融合，他们用行动诠释着责任与担当，用创新推动着治理的进步，书写出新的治理篇章。

社区治理是一场没有终点的马拉松，而社区网格化治理的创新模式则是这场马拉松的领跑者。通过以下案例的分享，深入探究社区网格化治理的奥秘，汲取其中的智慧与力量，共同为打造更加和谐、美好、宜居的社区而努力，为基层社会治理的现代化贡献更多力量。

"星耀网格·五星领航"工作法助力社区治理

——大连金普新区拥政街道古城丙区社区党委网格负责人肖彧

一、社区基本情况

拥政街道古城丙区社区成立于 1998 年，位于拥政街道西北角，社区总面积 0.25 平方公里，共有 29 栋楼，10 个网格，居民 2013 户，常住人口 4460 人，有 167 名党员，下设 10 个网格党支部。古城丙区社区通过"五位一体、三力齐发"党建工作法和多元参与基层治理新体系，推出了"阳光爱心志愿服务"经典项目，从"微网格"着手给居民带来"大温暖"。社区在 2023 年 8 月被评为"辽宁省普法示范点"，2021 年、2024 年被大连金普新区党工委评为"先进基层党组织"。

二、学习收获体会

肖彧是拥政街道古城丙区社区党委副书记、网格负责人。于 2024 年 11 月参加了辽宁社区工作者学院举办的全省社区网格党组织负责人网格化管理服务省级示范培训班。培训期间，他系统学习了"基层党建工作实务""社区网格化管理服务案例分析"等课程，不仅收获了诸多关于网格党组织管理的经验，通过实地参观考察拓宽了视野，还参与了互动沙龙进行分享交流，得到了思想的启迪与精神的洗礼。良师精讲、实地考察、案例解析以及分组研讨等多元化的教学方式，使他对网格党组织管理有了更为精准且深入地理解，深刻领悟到作为一名社区党务工作者在新时代基层治理中所肩负的重大责任与使命。他深刻认识到必须以此次学习作为新起点，将所学所思所悟转化为实际行动，通过构建星耀网格，提升社区治理的效率和水平，促使基层治理提质增效。

三、学以致用举措和成效

通过学习，肖彧充分认识到要想进一步提升和发挥网格党组织在基层治理中的战斗堡垒作用，推进基层治理现代化，必须坚持以党建为统领，把网格党组织工作融入基层治理中，推动资源、服务、管理向网格集聚，推动党的政治优势和组织优势转化为基层治理效能。为此，古城丙区社区党委探索创建了"星耀网格·五星领航"工作体系。

（一）构建"星耀网格·五星领航"工作体系

社区党委从党建引领基层治理全局出发，强化党建驱动、网格管理，明确由社区党委履行主体责任，以网格为治理单元，党员和群众共同参与，实现人在网中走、事在格中办。其中社区党委充分发挥党建引领作用，社区党组织书记担任网格长，社区干部担任网格员，社区民警担任兼职副书记、党员中心户成员担任网格小组长。每名网格员平均负责 200 户居民，五星共同领航网格党组织治理工作。

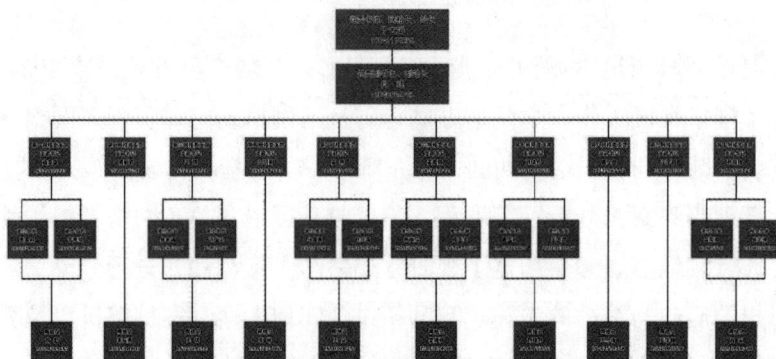

古城丙区社区党群服务站网格党组织架构

图 1　社区党群服务站网格党组织架构

（二）五星领航工作内容

党建引领星确保网格党组织始终把握正确政治方向；服务先锋星突出党员服务群众的先锋作用；环境宜居星保障辖区环境干净整洁，健康宜居；平安法治星维护辖区治安，开辟法治宣传教育新路径；和谐共建星推动网格内各方力量共同参与和谐社区建设。五颗星相互辉映，引领"星耀网格"建设。

1.党建引领星

一是加强网格内党组织建设，在每个网格设立党支部或党小组。确保党组织在网格事务决策、矛盾调解等过程中发挥核心引领作用。社区党委书记聚合力、网格支部书记带头、党员中心户分别深入所在网格，围绕网格化治理等重点任务进行调研，现场办公，自 2024 年以来解决为卧床老人解锁银行卡、为受灾群众捐生活用品、维修加固楼梯扶手、楼梯扶手安装保温套、修剪树枝等难题 12 个。

二是建立网格党建工作台账，记录党员参与活动、联系群众等情况。通过"金普 E 格"、一网协同等信息化手段，让党员可以随时汇报工作动态，党组织也能更方便地考核和管理党员。

2.服务先锋星

一是建立网格党群服务站，提供一站式服务。社区不断探索网格与团队相结合的新路径，携手辖区与共建单位，共同打造党群服务新场景。社区党委积极建设打造党群服务站，服务站成了党员群众和户外工作者的"加油站"和"连心桥"，先后开展了"情暖童心 共护未来"等活动，形成以社区党群服务站为半径的"5 分钟党群服务圈"。

二是开展关爱特殊群体活动，由空巢老人进行点单，辖区志愿者提供上门义务做家务、免费量血压等服务；为残疾人提供辅助器具适配服务、康复训练指导等。通过建立特殊群体服务档案，详细记录他们的需求和服务情况，实现精准帮扶。

3. 环境宜居星

图 2　网格党支部组织志愿者清理垃圾

一是推动网格内环境卫生整治工作，划分卫生责任区。每个责任区安排专人负责，定期清扫街道、清理垃圾死角。同时，建立垃圾分类宣传和监督机制，在每个小区设置垃圾分类投放点，安排志愿者进行指导和监督，确保垃圾分类工作有效落实。

二是提升社区绿化水平，在网格公共空间种植花草树木，打造绿色景观。并且加强对社区内公共设施的维护，如路灯、健身器材等，及时维修损坏的设施，为居民提供舒适的居住环境。

4. 平安法治星

一是构建网格内的安全防控网络，设立治安巡逻队。巡逻队成员包括社区工作人员、志愿者和部分居民代表，他们定时在网格内巡逻，排查安全隐患，如检查消防设施是否完好、电线是否存在老化等安全问题。

二是开展法治宣传教育活动，通过举办法律讲座、发放法律宣传手册等方式，向居民普及与日常生活相关的法律法规，联合社区民警和辽宁生生律师事务所为辖区居民开展沉浸式普法情景剧教育、普法知识讲座及免费法律咨询，开辟法治宣传教育新路径，为社区搭建了"法治小网格"，构建起基层治理"大格局"。

图3 普法情景剧及《中华人民共和国民法典》解读讲座现场

5.和谐共建星

一是组织丰富多彩的文化活动，鼓励网格内居民成立文艺团队、兴趣小组等，利用辖区小广场等场地定期排练和演出，增进居民之间的情感交流。

二是加强精神文明建设，开展文明楼院、家风家教评选活动。制定文明行为准则，规范居民的言行举止，倡导文明新风尚，通过设置文明行为宣传栏，引导居民树立文明意识。

案例整理：王晓晴

智慧化党建与智慧化网格融合
凝聚社区网格管理智慧

——盘锦市双台子区铁东街道前锋社区网格党支部书记孟鑫

一、社区基本情况

铁东街道前锋社区成立于 2002 年，辖区面积 1.6 平方公里，社区党总支下设 3 个党支部，现有党员 55 人，划分 5 个网格；户籍人口 494 户 1253 人，常住人口 1030 户 2583 人。前锋社区党总支充分发挥基层党组织的号召力，以"一核引领大党委"为核心融合辖区资源，结合社区人文环境组建"晚霞小分队"老带新党员志愿服务，运用"智慧化党建与智慧化网格融合"形成双向推动互助学习，不断凝聚智慧与力量，共同促进社区和谐稳定，增强群众的获得感、幸福感和安全感。最终汇成一项打不垮、捶不毁、三年行动新突破始终冲在前，党建引领社会治理的新局面。前锋社区 2021 年荣获盘锦市先进基层党组织、盘锦市双台子区先进基层党组织称号。

二、学习收获体会

孟鑫是铁东街道前锋社区党总支副书记、第 1-4 网格党支部书记。2016 年 7 月初次参加社区工作实务培训，第一次真正意义了解了什么是社区工作以及未来发展的前景，让她看清楚了未来工作发展的方向；在 2019 年 4 月参加社区工作者队伍专业化职业化建设专题第三期培训班后，2023 年 10 月再次以副书记的身份，来到了辽宁社区工作者学院参加培训，听取老师的社区案例分析、法律知识讲解、党建工作如何引领社区治理、心理疏导等课程。2024年10月带着收获成果参加了辽宁社区工作学院开办的全省社区网格党组织负责人网格化管理服务省级示范培训班的培训，再次拓宽了视野、更新了观念、提升了理论水平。作为社区基层的"基石"，她以学习为契机，及时吸纳老师的授课的内容，浇灌在自己的工作生活中，为社区党建引领网格治理贡献力量。

三、学以致用举措和成效

孟鑫将所学的知识与实际的"党建＋网格"工作经验相结合，提出"智慧化党建与智慧化网格融合"的工作方法，为社区网格化管理注入了新的活力和智慧。这种方法不仅提升了党建工作的效能，也优化了社区治理和服务水平，形成了两者相互促进、共同发展的良好局面。

（一）坚持智慧化党建

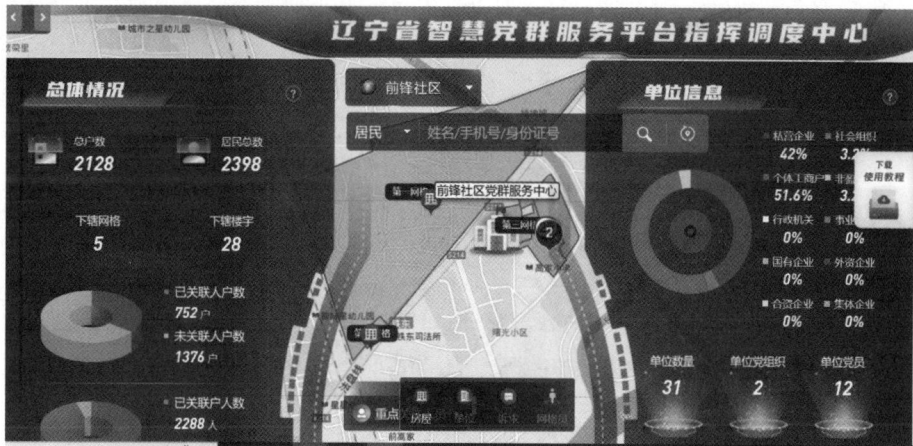

图1 辽宁省智慧党群服务平台

在智慧化党建方面，充分利用现代信息技术手段，如辽宁省智慧党群服务平台、阳光三务小程序、党员志愿者微信群、在职党员进社区小程序等，以及通过社区企业联合党支部、大党委成员单位和社区物业等多方力量的联动，将各方资源和力量凝聚到社区网格治理的每一个环节。这一举措让社区党员不再受时间和空间的限制，运用线上线下的互动，随时随地了解党的最新政策、理论知识和本社区党务公开最新事项，使党员更深入地了解社区的需求和问题，从而有针对性地直接参与到社区网格的基层治理、信访处理、志愿服务等工作中，真正发挥党员"战斗堡垒"作用。

（二）搭建智慧化网格

在智慧化网格方面，运用双台子区智慧网格管理平台、"民心网"、"12345 平台"，以及社区的"居民说事点"等多项智能平台，不仅为居民提供了一个便捷的表达诉求的渠道，也为网格员提供了强大的技术支持。通过网格日常巡查、实时收集、动态管理和分析居民反馈的问题，上传到手持终端，帮助网格员快速定位问题所在，并采取有效的措施进行分类解决。这种高效的工作模式不仅提高了网格员的工作效率，也极大地增强了社区对居民需求的响应速度和解决能力。 智慧网格的建立推动了党支部建立在网格上，助力社区开展爱心帮扶、便民服务、法律知识宣传、环境卫生监督、安全生产排查等重要工作。

图 2　网格员讲解双台子区智慧网格管理平台

（三）实现智慧化党建和智慧化网格相融合

为了进一步推动智慧化党建与智慧化网格的融合，加强党建引领，社区网格党支部结合实际精准有效地为社区"一老一小"这一重点群体排忧解难，深化"银龄老人"骨干力量，强化"晚霞小分队"志愿服务队功能。"晚霞小分队"以农村老会计、工厂退休老干部、老党员、老教师、退役军人等"五老"人员为核心，他们凭借丰富的经验和深厚的党性，成为社区服务的中坚力量，鼓励并吸引新青年党员和社区居民加入志愿服务队，通过"老带新"的模式，传承经验，培养新力量，同时增强社区的凝聚力和向心力；青年党员志愿者为"晚霞小分队"成员提供全面的智慧化技能，包括但不限于智能手机使用、社交媒体操作、在线学习平台应用等，以提升他们的信息获取与传播能力，使他们能够更好地适应并服务于智慧化社区，分享智慧化生活小技巧，提升社区居民的整体智慧化水平。

图3　网格员正向老年人讲解智慧化技能

智慧化党建与智慧化网格相融合，不仅提升了党建工作的针对性和实效性，优化了社区治理和服务水平，更增强了居民的幸福感和获得感，实现了信息共享和资源整合，推动了服务模式的创新和服务质量的提升。

案例整理：王晓晴

"网格服务 365 工作法"打造基层治理生态圈

——大连市金普新区大孤山街道红星社区第四网格党支部书记关志颖

一、社区基本情况

大孤山街道红星社区成立于 2009 年，北临振鹏南三路，南靠大孤山南山脚下。辖区面积 28 万平方米，下辖一个商住区、两个动迁区及一个便民市场，居民楼 27 栋 91 个单元，现有居民 3200 余户，常住人口 8100 多人。红星社区居委会位于小孤山中里 124 号楼，建筑面积 954.8 平方米，现有工作人员 11 人，党员 140 人，网格 10 个。近年来，在大孤山街道党工委的坚强领导下，红星社区上下拼搏、实干、敢争先，奋力推动各项工作再上台阶，先后获得了全国综合减灾示范社区、辽宁省普法示范点、辽宁省新时代数字化学习社区、2023 年度省级示范性老年学习中心、辽宁省食品药品安全科普宣传站、大连市"无传销社区"示范点等荣誉称号。

二、学习收获体会

关志颖是大孤山街道红星社区党委副书记、第四网格党支部书记。2024年 10 月参加了辽宁社区工作者学院举办的培训班。学习期间，培训班安排了"习近平新时代中国特色社会主义思想辅导""提升社区党组织组织力、筑牢基层战斗堡垒""网格突发事件的应急管理策略""网格化管理服务工作的方法与艺术"等课程。培训以现场教学、经验交流、分组研讨、实地参观等形式进行，丰富的培训内容提高了她的理论水平，多层次的经验交流更新了她的固有观念，分组研讨拓展了她的工作思路。她深刻认识到必须以此次学习为契机，汲取先进典型社区的实际经验，继续打造红星社区"星火"党建品牌，以党建为引领，以"网格服务 365 工作法"依托，为辖区居民提供精细化服务，全面提升基层社会治理水平。

三、学以致用举措和成效

关志颖意识到要想提升社区治理水平，更好地为辖区居民服务，就必须坚持党建引领，坚持网格化治理，因此红星社区党委推出了完善"互联网 + 全岗通 + 网格化"基层治理模式。"互联网 + 全岗通 + 网格化"基层治理模式调整优化党组织设置和社区网格体系，建立街道、社区、小区、网格、楼院五级组织架构，继续推动将党组织建在网格上，加强居民小区 5 个党支部、5 个党小组建设，依托红色物业建设这一有力抓手，探索社区两委与物业交叉任职；抓实"阳光三务"公开，让百姓看见"明白账"；金普民生综合服务平台让"数据多跑路，群众少跑腿"；努力实现"人在格中走、事在格中办、服务零距离"，打造"党建引领、社区治理、多元参与"的新格局。

（一）构建"互联网 + 全岗通 + 网格化"基层治理模式

大孤山街道网格化管理实行街道领导班子成员包保科室—科室包保社区—社区设网格格长—网格员—网格信息员 5 级网格管理模式。根据社区实际，每 300~500 户居民设置一个网格，社区划分多个网格进行管理，按照就近便利原则，每个网格搭配商户同样实施网格化管理。完善"互联网 + 全岗通 + 网格化"基层治理模式，科学合理划分居民网格 10 个、专属网格 1 个，绘制网格地图、明确网格员职责、记录"网格服务管理工作手册"。依托社会治理智慧平台，对本辖区人、地、物、情、组织等数据实施动态收集处置，定期更新网格台账。

网格党支部打造"星火志愿者"服务总队，下设以红星社区党员、在职党员为主体的"红色之火"；以文艺爱好者为主体的"文化之火"；以志愿者为主体的"文明之火"；以爱心团队为主体的"爱心之火"四个服务支队，以"星星点灯"的工作形式，根据居民的意愿和需求开展各类志愿活动。

（二）实行网格化动态管理，畅通"六条渠道"

红星社区网格党支部实行网格化动态管理，借助"网络平台"，进行"入户走访"，建立"联席会议"，召开"议事协商会"形成"民情反馈机制"，起到了更好地履行倾听民意服务民生的职责。一方面积极畅通"六条渠道"，通过开辟"网络平台"，包括大连金普新区社会治理智慧平台、智慧红星社区公众号、居民微信群，履行倾听民意服务民生的职责。另一方面进行"入户走访"了解百姓身边的烦心事、困难事，网格员对居民的基础信息进行重新核实、补充，全面掌握家庭成员的基本情况。

同时，网格党支部建立"联席会议"，以"资源共享、活动共办、平台共创、工作共抓、区域共管"为总体思路，积极拓展辖区单位党组织共同参与的区域党建联建的新格局，延伸党建溢出效应，推动构建共建共治共享社会治理新格局。召开"议事协商会"，把"议事协商会"作为居民建言献策、参与社区治理的重要渠道，坚持"议"出居民心声，"议"出解决居民急难愁盼问题的办法。

图 1　议事协商会

（三）加强"五社联动"，完善网格服务体系

社区党委发挥组织力量，以社区为平台，以社会组织为载体，以社会工作者为支撑，以社区志愿者为辅助，以社会慈善资源为补充，以满足群众需求为导向，进一步完善"五社联动"服务体系。同时，加强"便民服务站"和"社会组织"建设，形成把矛盾化解在社区、把服务送到居民家门口的新型社会治理模式。

社区依托金普民生服务平台，推进"指尖上的社区"建设，实现社区服务从"足间"到"指尖"的转换。设立"为民服务全程代办点"，为行动不便的孤寡、伤病残、特困等特殊对象，提供全程代办服务，真正做到为辖区居民排忧解难，让便民服务触手可及。同时，社区党委还着眼于特殊群体的需求，衍生出了一套"七色工作法"，网格员们针对不同"颜色"的居民家庭，量体裁衣，搭配不同的服务模式；为困难群众给予物质上的救助和精神上的慰藉，把居民的冷暖绘在图上、记在心上、做到实处；依托"社会组织＋社会力量"，做好关爱老人儿童大文章。

图 2　"五社联动"工作会议现场

红星社区党委将进一步推进党建引领基层治理，加强社区党组织队伍建设，提升社区党建工作效能，做好社区"大党委"、社区物业党建联建、党群服务中心等工作，为建设"平安健康、文明幸福"大孤山作出新的更大贡献。

案例整理：王晓晴

"微网格"探索"四小工作法"，提升社区治理效能

——盘锦市大洼区大洼街道东升社区第四网格党小组组长张宝羚

一、社区基本情况

大洼街道东升社区位于大洼街道中心城区，辖区总面积 2 平方公里，辖区总户数 2700 户，常住人口 5997 人，网点 313 家，共划分 8 个网格，辖区有 4 个小区 68 栋楼。社区党委下设 5 个党支部，党员 189 人，志愿者 900 余人。东升社区不断完善"微网格"基层治理体系，探索创新"四小工作法"。2015 年 6 月被辽宁省科协、辽宁省财政厅评为辽宁省科普示范区；2020 年 2 月被全国宣传推选学雷锋志愿服务"四个 100"先进典型活动组委会评为最美志愿服务社区；2021 年 3 月被中共辽宁省委宣传部评为辽宁省学雷锋活动示范点；2022 年 10 月被国家卫生健康委、全国老龄办评为全国示范性老年友好型社区。

二、学习收获体会

张宝羚是大洼街道东升社区党委副书记、第四网格党小组组长。2024 年 11 月参加了辽宁社区工作者学院举办的社区网格党组织负责人网格化管理服务培训班。学习期间，培训班安排了"社区网格化管理服务案例分析""心理健康素养""提升社区网格党组织组织力 筑牢基层战斗堡垒""基层党建工作务实"等课程。在培训中，对党建工作、网格化管理等理论基础的学习，

以及穿插的案例分析和现场教学活动让她受益匪浅。通过实地考察和听取成功案例的分享，她见证了网格化管理在实际运作中的效果，对后续的工作具有很好的借鉴意义。作为社区工作者，这次培训使她更深刻地理解了网格化管理的重要性和紧迫性，特别是在如何处理突发事件和常见问题、在网格化管理中更有效地与居民沟通、加强居民自治、完善网格信息平台管理、提高应急响应能力等方面。她相信，通过不断地学习和努力，必能更好地完成党赋予她的职责，为社区的和谐稳定贡献自己的力量。

三、学以致用举措和成效

近年来，大洼街道东升社区坚持以人民为中心的发展思想，不断完善"微网格"基层治理体系，探索创新"四小工作法"，即小网格大管理、小平台大调解、小黄帽大安全、小舞台大宣传，推动党建引领社会治理现代化再上新台阶。

（一）小网格大管理

东升社区以智慧城市网格管理为载体，使社区管理更加规范精细。在社区的精细化管理下，将所辖的 4 个小区、9 栋散楼、1 个物业和 60 家企事业单位整合进 8 个网格中，形成了一张覆盖全面、管理精细的"大网格"。

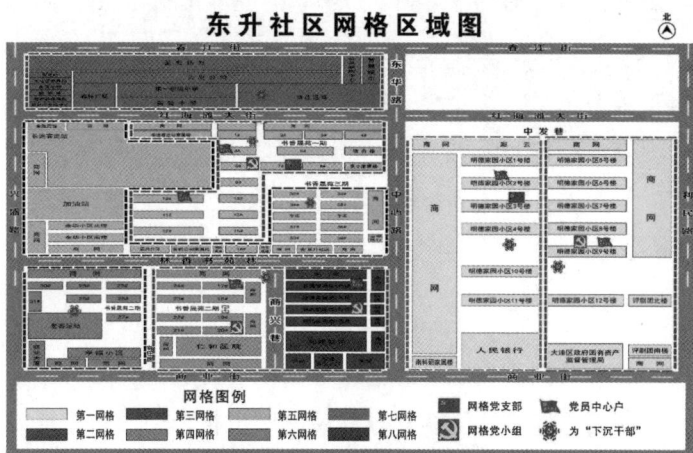

图 1　东升社区网格区域图

东升社区将网格化治理理念与"我为群众办实事"紧密结合，网格员通过入户走访与微信群互动交流等方式，深入了解网格内的居民及流动人员信息，及时更新网格信息，发放"明白卡"。每天网格员走访排查，及时了解居民家中问题并进行汇总和处理，调解居民纠纷，促进邻里和谐。

（二）小平台大调解

以社区调解机构为主体，小平台发挥着大作用。通过辽宁省智慧党群服务平台、盘锦市矛盾纠纷排查化解专项行动平台、大洼区公共法律服务平台，并设有综治窗口，负责为居民提供公共法律服务等。在书香晟苑小区开设法治文化广场，每天网格员、楼栋长、平安建设服务队、治安防范巡逻队不定期到小区排查，化解矛盾纠纷。

图 2　网格员现场化解物业与居民之间的矛盾

（三）小黄帽大安全

东升社区的小黄帽治安巡逻志愿服务队以"为居民保一方平安"巡逻服务为依托，开展义务巡逻、文明劝导居民文明出行等。小黄帽治安巡逻队每天除了白天坚持在固定时段进行巡逻外，晚上还边散步边"留一只眼"守平安，为社区的治安尽心尽力。在巡逻中发现不文明行为就会上前劝导，比如垃圾不进箱、自行车不文明摆放等。社区里许多地方贴满了小广告，小黄帽巡逻时发现就会上前用随身携带的小工具清除。很多居民自豪地说："看他们身穿黄马甲、戴着小黄帽在社区里走来走去，就特有安全感。"

（四）小舞台大宣传

小舞台是网格内的信息枢纽，借助这一平台，能够及时且精准地向居民宣传各类政策法规，无论是关乎民生的社保医保新政策，还是维护社区安全的治安法规，通过通俗易懂、生动形象的方式传达给居民。并通过舞蹈、诗朗诵、三句半、合唱、问答竞赛等形式，走进小区、学校、广场、企业、九小场所，走上舞台，营造良好的舆论氛围。

东升社区通过多样化的宣传形式与丰富的宣传内容，在社区网格治理中发挥着不可替代的重要作用，以小见大，以点带面，为构建和谐、文明、富有活力的社区网格奠定了坚实的文化基础。

图 3　走进小区广场大合唱

东升社区将继续本着"想居民所想，急居民所急"的工作初心，进一步强化社区网格化服务管理效能，聚焦居民群众需求，积极探索基层治理路径，致力让"微网格"发挥更大作用，推动社区治理有力有效发展，不断增强辖区居民群众的幸福感和获得感，共同建设幸福和谐文明的"新东升"。

案例整理：王晓晴

"微格治理"工作法助力社区网格治理

——本溪市平山区站前街道福利社区第六网格党支部书记曲庆华

一、社区基本情况

站前街道福利社区成立于 2000 年，位于本溪市中心位置，北起两洞桥、南至韩朝烧烤、东临解放南路、西靠铁路沿线，占地面积 0.23 平方公里。福利社区居委会办公室设于本溪市平山区解放南路 45 栋平台一楼。社区办公室面积 160 平方米，党建活动室面积 160 平方米。辖区内共有 24 栋居民楼（含 3 栋物业楼），2632 户，4481 人，社区干部 11 名，下设 7 个党支部，社区现有离退休党员 374 人，根据辖区户数和社区网格人员数量共划分为 9 个网格。通过社区网格化细分，从而实现社区管理精细化、高效化和人性化。

二、学习收获体会

曲庆华是站前街道福利社区第六网格党支部书记。2024 年 10 月参加了"全省社区网格党组织负责人网格化管理服务省级示范培训班"第一期学员培训。学习期间，培训班安排了"习近平总书记关于东北、辽宁振兴发展的重要讲话和指示批示精神解读""习近平新时代中国特色社会主义思想辅导""网格化管理服务"等课程。培训以现场教学、经验交流、分组研讨、实地参观等授课形式进行，丰富的培训内容、精彩多样的培训方式使他进一步拓宽了视野、更新了观念、提升了理论水平。他深刻认识到必须以此次学习为契机，汲取思想营养，吸收案例经验，做好网格化管理工作，以党建为引领，以网格为依托，精细化服务，提升基层社会治理精细化水平。

三、学以致用举措和成效

曲庆华意识到要想提升社区治理的精细化水平，就必须坚持党建引领，完善网格化管理工作，因此福利社区党委提出了打造五级联动体系、实行微网格化动态管理，同时借助网格协助解决居民诉求，通过走访群众、线上反馈等方式，及时收集群众反映的问题和意见，畅通信息反映渠道，发挥网格的党组织服务功能。

（一）打造五级联动体系

社区构建"社区党委 + 网格员 + 网格党支部 + 网格党小组 + 单元党员中心户"的五级联动体系，将党建与基层治理、安全生产等重点工作有机结合，形成"小网格"编织"大服务"，推动"大党建"的新格局。微网格得以全面实施，得益于社区党委的有力领导。福利社区在每 300 户左右的标准范围内，设立一个网格，由社区工作人员担任网格员进行管理。每个网格设立 1~2 个"网格党支部"，每 6~8 个楼栋组建一个"网格党小组"，每 1 个楼栋单元设立一个"单元党员中心户"，共同构建起"五级微网格"的党建工作体系。

网格员充分发挥引领示范作用，党委书记担任网格长，社区工作人员担任网格员，党小组长（楼长）、党员志愿者、社区辅警担任兼职网格员。每位网格员平均负责 300 户居民，形成社区吹哨、支部报到、党小组行动、党员骨干带头执行的工作机制。

（二）实行微网格化动态管理

社区实行微网格化动态管理，网格员通过定期巡查、走访群众、电话沟通、居民网格微信群等方式，及时发现和处理网格内的问题，提高服务效率和居民满意度。网格员始终坚持对小区住户每日下街巡查 1 小时、每季度进行 1 次走访，以便了解居民的生活状况和需求。其中对困难群众、暂住人口、失业人员、重点帮扶对象每月进行 1 次走访，关注他们的生活变化，提供及时的帮助；对残疾人、独居和失能半失能老人、社区矫正人员每周进行 1 次走访，确保这些特殊群体的基本生活得到保障。

网格员通过入户、组织各类活动全面掌握居民信息，深入了解居民需求，积极应对各类问题，成功实现为居民提供精准、高效的服务。在做到家庭成员、隐患问题、矛盾纠纷、意见诉求全清楚的基础上，网格员还承担着维护社区和谐稳定的责任。当居民家庭发生重大变故、遇到生活困难、邻里发生争执冲突、出现安全事故和治安案件时，网格员及时到位，确保底数清、情况明、措施实、服务精。

图 1　网格员入户走访

（三）网格协助解决居民诉求

对于收集到的各类问题，福利社区根据问题的紧迫程度和解决难易度，进行分类分级处理。对于存在安全隐患的问题，如楼道内乱堆杂物、家中未安装燃气报警器等，立即与当事人沟通，要求其立即整改，并做好记录，同时约定下次检查时间。

针对居民反映的噪声扰民、私搭乱建、公共用地种菜、宠物管理、车辆停放、建筑残土随意丢弃、下水堵塞、水管破裂等民生问题，若现场可以协调解决，则立即予以解决；若无法现场解决，则上报网格长，依托支委会、楼长会、居民议事会等进行集体会商解决。对于仍无法解决的难点问题，上报街道党工委协调解决。涉及跨区域或事权管辖问题的，由区级层面进行协调解决。在解决问题后，第一时间向居民反馈办理结果，确保基层治理的每一个环节均畅通无阻。

图 2　解决 12345 投诉件

（四）发挥网格党组织服务功能

福利社区整合社区多方资源，依据专业、兴趣和特长，组建 6 支专业化志愿服务团队，包括思政宣教、法律心理咨询、健康医疗义诊、文体娱乐、卫生环保、公益宣传等志愿团队。

在福利社区党委的坚强领导下，这些团队各展所长，为居民提供多元化、多层次的服务。思政宣教团队定期开展红色文化讲座，传承革命精神；法律心理咨询团队为居民提供免费咨询，化解矛盾纠纷；健康医疗义诊团队定期上门为老人体检，守护居民健康；文体娱乐团队组织文艺汇演，丰富居民生活；卫生环保团队开展垃圾分类宣传和社区清洁行动，美化社区环境；公益宣传团队则通过线上线下多种渠道，传播正能量。通过不同形式的活动，社区营造出积极向上、友爱互助、和谐共生的文化氛围，让居民们在温暖的大家庭中感受到幸福与归属。

图 3　组织志愿者团队清扫活动

案例整理：王晓晴

为民服务助力网格治理精细化

——葫芦岛市兴城市古城街道月亮河社区网格党支部书记刘波

一、社区基本情况

古城街道月亮河社区成立于 2006 年 10 月，辖区面积 0.07 平方公里，社区管辖一个小区，7 栋居民楼，12 户平房，共有 316 户 692 人，常住户 192 户，常住人口 344 人。下设一个网格并成立一个网格党支部，社区现有党员 101 名，平均年龄在 70 岁以上，辖区老龄化严重。2007 年 4 月，社区荣获葫芦岛市再就业"2006 年度创建充分就业社区活动先进单位"称号。2010 年 3 月，社区荣获兴城市"文明社区"称号。2021 年 1 月社区荣获兴城市"2020 年度社区基层党建《过程典型》选树"一星单位。2021 年 6 月社区荣获兴城市"先进基层党组织"称号。

二、学习收获体会

刘波是古城街道月亮河社区第 0012 网格党支部书记。2024 年 10 月，他参加了辽宁省委组织部举办的社区网格党组织负责人培训班。学习期间，培训班安排的"习近平新时代中国特色社会主义思想辅导""社区网格化管理服务案例分析""网格突发事件应急管理策略""社区网格组织负责人心理健康素养提升"等课程。相关课程的学习给社区网格工作的开展提供了启示和帮助。通过培训，他深受启发，深感责任重大。此次培训内容丰富，涵盖网格管理的理论知识、先进案例，为他在网格管理工作中的实践提供了清晰的指引，使他意识到网格治理工作需要具备良好的公共关系意识和沟通能力，善于与居民沟通交流，及时了解他们的需求和意见。在网格治理工作中，他深刻体会到深入群众，为民服务的重要性。通过与社区居民交流和互动，他逐渐认识到唯有真心为民服务，才能真正赢得居民的信任和支持。

三、学以致用举措和成效

通过课程学习，刘波深刻理解了为民服务与网格治理的紧密联系。网格化管理让服务更贴近民众，每一个小网格都承载着大民生。通过学习，他认识到为民服务不仅要有热情，更需细致入微，利用网格化管理精准对接民众需求。未来，他将积极投身社会实践，将所学知识转化为实际行动，为社区的和谐与发展贡献自己的一份力量，让网格治理更加有效，让为民服务更加贴心。

（一）"便民惠民、精细网格"，让社区治理在网格管理中"实起来"

社区党委坚持党建引领社会治理，探索了以网格管理优化辖区社会治理模式，使社区形成了"网格化覆盖、精细化服务"的工作机制，实现了"小事不出网格、大事不出社区"。并依托社区网格，开展"你说他想社区办"活动，开设"社区代办服务链"新时代文明实践站活动，形成了"居民点单、支部下单、党员接单"的服务流程，构建了"党建＋网格＋服务"的工作体系，使居民反映的问题件件有着落，事事有回音。

图 1　网格员深入社区走访

专职网格员深入社区，真正地为居民做事，从陪伴独居老人聊天、疏通下水管道，还是为居民解决矛盾纠纷等，网格员总是第一时间赶到现场，以公正客观的态度，耐心调解，化解矛盾，让社区重归和谐。只要能为居民带来便利和幸福，所有的付出都意义非凡。

（二）"文化凝聚、活力网格"，让社区治理在网格活动中"活起来"

社区充分利用网格平台，积极挖掘和整合辖区内的文化资源，组建了各类文化活动团队，如舞蹈队、象棋组等。这些团队以网格为单位定期开展排练和交流活动，丰富居民的业余文化生活。同时，结合重要节日和纪念日，在各网格内举办形式多样的文化主题活动，像春节文艺汇演、国庆红歌比赛等。通过这些活动，不仅增进了居民之间的情感交流，也传承和弘扬了优秀传统文化，营造了积极向上、充满活力的社区文化氛围。网格员积极协助组织活动，从前期的场地协调、人员通知，到活动中的秩序维护、后勤保障，确保每一场活动都能顺利开展，让居民在文化活动中获得归属感和幸福感。

图2　社区象棋比赛活动

（三）"多方联动、智慧网格"，让社区治理在网格创新中"强起来"

社区党委积极推动多方联动的治理模式，加强与辖区内社会组织的合作。通过共建、共治、共享，整合各方资源，共同参与社区建设与治理。例如，与兴城市烟草局合作开展"学雷锋送温暖"活动，为辖区低保户送去米面油等生活用品，为困难群体送去温暖；与兴城市联社等单位合作设立"环境卫生志愿服务队"，为社区的环境治理提供帮助，解决无物业小区治理难题。同时，引入智能化技术，打造智慧网格管理平台。网格员通过手机小程序实时上报网格内的各类问题，如安全隐患、设施损坏等，平台迅速将信息推送给相关部门进行处理。居民也可以通过社区公众号、小程序等渠道反映问题和建议，实现信息的快速传递和处理。

图 3　党建共建在职党员进社区志愿服务活动

只有将培训所学的知识与技能在实际工作中不断运用与打磨，才能真正转化为解决问题的能力，提升网格管理的效率与质量。未来，月亮河社区将不断探索创新，努力营造有序、美好的社区环境。

案例整理：王晓晴

网格聚力，推进党建引领基层治理

——本溪市平山区桥北街道党工委副书记、政法委员李凯洛夫

一、街道基本情况

桥北街道成立于 2019 年 12 月，隶属于本溪市平山区，位于本溪市市区西南部，东南与南芬区思山岭街道相邻，西与辽阳市接壤。辖区总面积 126.49 平方公里，其中，村落面积 1.16 万亩，耕地面积 1.74 万亩，山林面积 11.05 万亩，辖区企业占地面积 1.68 万亩。总人口 3.6 万人，总户数 17909 户。桥北街道下辖 9 个行政村，6 个社区。桥北街道在区委、区政府的正确领导下，紧紧抓住机遇，创新发展模式、提高发展质量，调整经济增长方式，积极推进社会主义新农村建设，以建设"务实、创新、富庶"的新型街道为总体目标，各项事业得到全面发展。几年来，桥北街道办事处招商引资工作硕果累累，社会和谐安定，是省级文明单位，被省委、省政府授予"文明街道"光荣称号。

二、学习收获体会

李凯洛夫是桥北街道党工委副书记、政法委员。2024 年 6 月，他参加了辽宁省委组织部—辽宁社区工作者学院举办的全省街道党工委副书记能力素质提升省级示范培训班第五期的学习。学习期间，培训班安排的"党建引领下的一核多元基层治理格局""以服务为导向的党建引领基层治理功能优化"课程令他印象深刻。主要内容是依托党建服务中心、党群服务中心的平台载

体，发挥其宣传教育、整合区域化党建资源、服务群众的功能。他认识到只有不断学习进取，才能对基层党建工作方法有深刻的理解，才能把握基层党建工作的精髓，才能以新的理论、新的思想、新的行动去开展扎实有效的基层党建工作，工作能力和眼界才能提升，才能促进今后基层党建工作的进一步开展。

三、学以致用举措与成效

（一）党建引领融入网格，发挥基层党组织核心作用

加强基层党组织对基层社会治理的领导，将党的组织设置与"网格化"有机融合，通过细化桥头社区党组织网格化设置，精心打造以社区党委—党支部—党员楼栋长为基本框架的组织体系。结合"一切工作到支部"理念和创建"最强党支部"工作，大力加强网格党支部规范化标准化建设，实现治理工作与党建工作同时推进，让桥头社区在网格中有抓手见实效，使党组织战斗堡垒和党员先锋模范作用得以充分发挥。

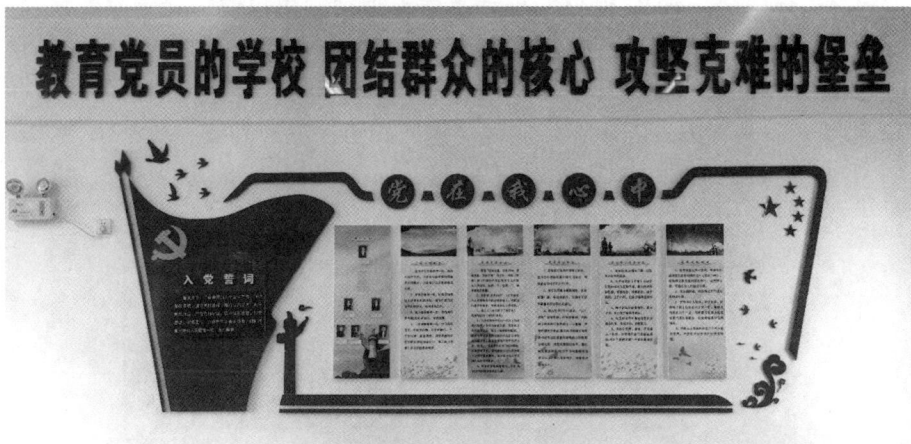

图 1　党建宣传展板

（二）健全机制运行网格，明确管理层级和责任担当

健全街道网格化管理工作，优化居民小区网格布局划分，推行实施社区

融合党建协调会议制度，建立党建工作目标责任制，积极构建以社区党组织为核心、网格党小组为基础、各类组织联动的运行体系。并配备由社区工作者、党员志愿者、群众骨干等组成的网格员服务团队，协助做好网格内劳动保障、民政服务、文明创建等工作。

图 2　人居环境整治活动

（三）科学合理优化网格，推动基层治理空间再拓展

坚持党建引领，以网格化精细管理、智能化精准推进、区域化精彩协同"三化合一"为着力点。切实构建起"横向到边、纵向到底、村不漏户、户

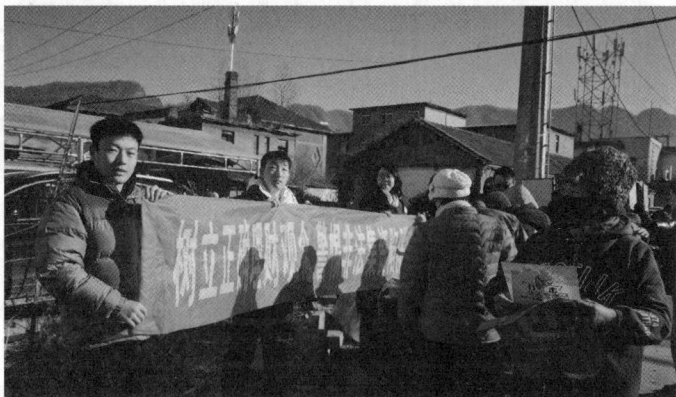

图 3　防范非法集资及非法金融活动宣传

不漏人"的基层社会治理"一张网"。依托网格员，打造以网格长、党员志愿者、党小组长服务队为主要架构的网格党员管理服务队伍。充分发挥在职党员、青年志愿者、热心群众以及社会公益组织的作用，实现"小事不出网格、大事不出社区"。同时将城市基层党建与"一处跑、跑一次"的政务服务新模式精准挂钩，推进党建网格与综治网格加速融合，有效发挥基层党组织核心引领作用，带动多种社会治理主体参与共建共治共享。

（四）打造"红色阵地"，凝聚红色合力

与物业党支部共建"红色阵地"，对物业党支部进行党建引领和指导，不断规范物业管理制度，创新实施居民诉求"首问责任制"，设立红色示范岗，通过悬挂横幅、网络微信等形式加强红色文化宣传，搭建双向融合平台，及时为居民提供社区动态、物业服务、惠民政策等服务。小区物业实现"双向进入、交叉任职"，物业党支部与社区共享健身娱乐活动阵地，为广大党员群众提供一站式全方位服务。

图4 举办"盛世华诞、举国同庆"演出活动

社区党建是基层党建工作的重要组成部分，是提高基层党员整体素质和促进党建工作专业化的有效途径，也是全面实施党建引领基层治理的关键。只有充分认识社区党建工作的重要性，不断创新工作思路和方法，切实加强

社区党组织建设，充分发挥社区党组织在基层治理中的领导核心作用，才能为构建和谐美好社区、推动经济社会发展作出积极贡献。在新时代的背景下，社区党建需要与时俱进，不断探索创新，以适应社会发展的新要求，满足居民群众的新期待。

案例整理：王晓晴

|第八部分|
社区工作法

　　社区工作法是在社区层面开展工作的一系列方法和策略的总称。核心在于坚持以人民为中心的发展思想，以发动群众、组织群众、服务群众的方式，促进社区成为居民共同守护的家园，涉及社区管理、社区文化、社区教育等多个方面，具有群众性、民生性、系统性、创新性、操作性和示范性等特点。不仅有效传递党的方针政策，让群众了解到国家的决策部署，还能够及时反映群众的呼声和需求，使政府的工作更加贴近民心。这种双向沟通机制的形成增强了社区的凝聚力，实现了社区的全面发展和进步，为构建和谐社会提供有力支撑。

　　社区工作法是以居民需求为导向的工作方法论，其本质是通过党建引领、资源整合、多元共治和机制创新，推动社区治理从"被动应对"向"主动服务"、从"粗放管理"向"精准施策"转型。首先，社区工作法有助于推动社区治理的民主化进程，推动治理体系从"刚性管控"向"柔性服务"转型。通过鼓励居民参与社区事务的决策和管理，能够促进社区居民的自治意识和能力的提升，增强社区内部的凝聚力和归属感。其次，社区工作法有助于解决社区面临的实际问题。通过深入了解社区居民的需求和问题，能够针对性地制定解决方案，动员社区居民共同参与实施。通过培育志愿者队伍、孵化社区社会组织，形成"人人参与、共建共享"的治理文化，增强居民对社区的归属感与责任感。此外，社区工作法是实现精准治理的有效工具。依托大数据分析居民需求动态、运用网格化手段精准识别问题，确保资源投放"对症下药"。

在城市化进程深化与社会治理重心向基层下沉的背景下，社区工作法作为一种系统化、场景化的治理工具，已成为破解社区治理难题、提升服务效能的重要路径。社区工作法以党建引领为核心，以居民需求为导向，通过整合资源、凝聚共识、创新机制，构建起"小事不出网格、大事不出社区"的精细化治理体系。它不仅解决了当下社区的痛点问题，更通过制度创新与文化培育，为基层社会治理现代化提供了可复制的方法论支撑。未来，随着社区治理场景的日益复杂化，社区工作法需持续迭代升级，以更加开放的视野、更具韧性的机制，回应人民对美好生活的向往。

精妙织构微网格：
"1555"工作法破解民生密码

——本溪市明山区明山街道西胜社区党委书记杜倩

一、社区基本情况

明山街道西胜社区坐落于本溪市市区中心区域，交通便利，人流量大，是本溪市内较大规模城市人口居住社区，共有 67 栋居民楼，195 个单元，户籍数 5160 户，总人口数 8714 人。社区现有党员 662 人，下设 12 个党支部。共管辖 6 个居民小区。辖区内有花卉市场、富佳家居广场、国际建材城及零散工商业户 400 余户，法人单位 100 余户。结合社区"新、老小区交错共存，民宅、商户总数多"的实际特点，社区共设置 15 个基层网格，以优质细腻的工作方法实现服务居民群众零距离。社区先后被授予 2016 年度本溪市委、市政府本溪市关心下一代工作先进集体、2017 年度中共本溪市委、市政府本溪市主城区环境综合整治最佳成果奖、2021 年度本溪市委评定先进基层党组织等称号。

二、学习收获体会

杜倩是明山街道西胜社区的党委书记。杜书记于 2024 年 5 月 20 日参加了"全省社区党组织书记基层党建助力全面振兴新突破三年行动省级示范培训班"第七期的培训。此次培训以专题授课、分组讨论、座谈交流、参观学习、集体学习互动等形式开展。为期五天的培训包括学习贯彻习近平新时代中国特色社会主义思想，习近平总书记关于东北、辽宁振兴发展的重要讲话和指示批示精神解读，辽宁全面振兴新突破三年行动的新举措新进展新成效，提升社区党组织组织力、筑牢基层战斗堡垒，社区党建品牌创建工作的开展，全过程人民民主与社区物业管理，社区工作法律典型案例解析，基层党建工作实务等内容。她经过细心地整理归纳，结合明山街道西胜社区的实际情况，下定决心带领社区党委班子夯实基层党组织建设，助力家乡振兴新突破。

三、学以致用举措和成效

社区作为新时代为民服务窗口，西胜社区党委秉承着"权为民所用、情为民所系、利为民所谋"的工作理念，认真扎实做好各项工作。通过"一对一"帮扶机制，对年老体弱、生病住院、生活困难的党员群众，做到遇佳节必访问，有事情必帮忙，有困难必解决，有大病必看望，解决他们的后顾之忧，让他们切实感受到党组织的关心和温暖。同时社区党委每年都会创新活动载体，依托社区大党委建设平台整合资源，推动实现"家庭和美、邻里和睦、商家和气、社区和谐"的"和"文化建设，共建和谐西胜。"1555"工作法是西胜社区工作的一种创新实践，旨在构建党建引领、网格化管理、以服务人民为中心的工作格局。

（一）以"15"个基层网格为基础，实现服务居民群众零距离

在新时代社会治理的大潮中，西胜社区以"15"个基层网格为基石，精心编织起一张服务居民群众的无缝网络，旨在实现服务零距离。这张网格如同人体的毛细血管，深入社区每一个角落，倾听民声、汇聚民意，将政策、信息、资源精准送达，让每一位居民都能感受到党和政府的温暖。社区网格员在走访中发现，智力残疾的孙大爷之子因无意识刷单，每月低保金刚到账便被"清零"。面对这个特殊家庭的生存危机，网格员迅速梳理情况并向上报告，社区党委书记杜倩带领团队开启"民生响应直通车"，当天便联动银行设置"每日1元限额"的智能防护机制，为孙大爷保住积蓄，也为这场跨

越数字鸿沟的守护行动画上温暖句点。这一实例不仅展现了社区网格员"脚上有泥、心中有光"的工作作风，更彰显了科技时代人文关怀的温度，为特殊群体构筑起数字化生存的安全网。西胜社区以精细化管理、智能化服务为手段，通过网格员的全天候、全方位服务，确保居民需求第一时间响应，问题第一时间解决，真正实现与居民群众的"心连心"，让服务成为居民幸福生活的有力保障。

（二）以党建"5个一"活动为载体，激发群众参与热情

为进一步加强明山街道西胜社区党建工作，提升社区党组织凝聚力和战斗力，激励党员发挥先锋模范作用，推动社区治理体系和治理能力现代化，西胜社区决定根据社区软硬环境实际情况，广泛吸纳社区党员意见，持续开展党建品牌创建活动。社区党建"五个一"，即每年一次发人深思的党课、一场倡导健康的运动会、一场红色激情文艺汇演、一场廉洁文化作品展出、一次"脸红出汗"的围炉夜话以此为载体，配合社区每月15日各类党日活动持续激发辖区党员、居民群众的参与热情。以"五个一"活动为载体，团结社区党员，提升党员战斗力，改进社区的精神文化环境，打造社区宜居新环境。

图1　社区党委书记在抚顺雷锋学院为社区党员讲党课

图2　社区老年居民原创文艺节目《西胜社区我爱你》

（三）以"5"种模式为手段，加强基层组织建设

考虑到西胜社区辖区面积大，人口多等诸多现实因素，社区党委书记杜倩主动带领党委班子研究形成"5"种模式，以此为手段，积极推进基层治理。

一是创建"三代办"管理模式，即社区向居民发放"为民服务连心卡"，卡面注有社区党委书记、网格长、网格员的联系方式，设24小时服务热线，快速打通群众诉求通道；网格人员和楼院党支部成员及楼长陪同有特殊需求的居民前往有关部门办理各项事务；社区工作人员和学雷锋志愿者为空巢老人、行动不便的老年人、残疾人开展社区上门服务。二是打造"岗位式"管理模式，鼓励行动方便、愿意参加社区活动的优秀退休党员，积极参与党支部书记、楼长、单元长等职务的选拔。开展设岗定责，鼓励社区党员在岗位上奉献，尤其是社区老年党员，鼓励他们充分发挥余热，进行"岗位式"管理。三是更新"学习式"管理模式，鼓励社区党员积极参加社区的阅读、远程教育、家庭学习、微信阅读等活动，发挥带头引领学习作用，进行"学习式"管理。以学促优，以学明志，带领行动方便且愿意参加社区活动的党员"走出去"，以社会实践形式开展学习教育，使党员学习方式丰富起来。四是开展"关爱式"管理模式，积极开展"关爱式"管理，即对"两劳"释解人员采取帮思想；对老弱病残困人员实行帮生活；对下岗失业人员采取帮就业。让社区特殊群体感受到党组织的温暖。五是"动态式"管理模式，对社区大学生、部队转业和外出打工的居民，通过微信群、腾讯会议、"互联网+"等信息手段，快速打通现场办公和沟通渠道；对社区低保户、低保边缘户及工会困难职工实行动态管理。对于辖区重点人员的动向，社区党委要求时刻不能松手，进行"动态式"管理。

图3　西胜社区"廉心童画"公益画展

西胜社区将在规范化建设工作中，以实际工作经验总结完善"1555"工作法，本着"权为民所用、情为民所系、利为民所谋"的宗旨全心全意服务于民，坚持以"创新工作思路，完善服务体系"为工作目标，以"满足居民生活需求，提升居民幸福指数"为抓手，不断推进社区各项工作全面发展。

案例整理：崔雨楠

"1355"工作法：惠民社区的治理"金钥匙"

——抚顺市东洲区老虎台街道惠民社区党委书记张玉华

一、社区基本情况

老虎台街道惠民社区，东邻虎东社区，南邻郎平路一号楼，西邻平山街道华丰厂，北邻安厦社区。占地面积 0.48 平方公里，辖区有居民 1549 户，常住人口 3641 人，党员 163 人，社区划分 6 个网格，社区党委下设立 4 个党支部，8 个党小组，3 个全国式"党员家庭代办站"。为充分发挥社区党委书记"传帮带"作用，提升党建引领社区治理水平，2021 年 4 月，惠民社区张玉华书记工作室正式挂牌成立，致力于打造集示范培训、传帮带教、交流互动等功能于一体的党建引领社区治理服务阵地。张玉华书记工作室创新服务、培训新模式，开展了"书记"讲给"书记"听，"书记"带领"书记"做等特色活动。帮带年轻干部提升干事创业本领，带动各社区互相学习交流，积极探索党建引领基层治理的新路径。

二、学习收获体会

张玉华是老虎台街道惠民社区的党委书记。张书记于 2024 年 5 月 13—17 日参加了辽宁省委组织部举办的"全省社区党组织书记基层党建助力全面振兴新突破三年行动省级示范培训班"。此次培训以专题授课、分组讨论、座谈交流、参观学习、集体学习互动等形式开展。为期五天的学习让她感受到人民就是党的生命之根、执政之基、力量之源，作为一名社区工作者，要始终坚持人民至上理念，厚植为民情怀，勇于担当作为，积极为民办实事，奋力书写为民服务新篇章。

三、学以致用举措和成效

社区连着千家万户，是党和政府联系、服务居民群众的"最后一公里"。党的二十大报告提出，要"健全共建共治共享的社会治理制度，提升社会治理效能"，为了切实打造社区干部"蓄水池"，备足社区发展动力源，惠民社区张玉华书记工作室在思想上、行动上持续为社区后备干部聚力、蓄能。

社区作为城市管理和服务居民的"神经末梢"，也是一个小社会，工作包罗万象，上到宣传落实党的方针政策，下到居民家中的鸡毛蒜皮，通过社区党组织书记工作室这一平台，可以将"老书记"们长期在基层工作中得出的好经验、好方法言传身教、倾囊相授。为了健全帮带机制，提升社区党组织书记的基层治理水平，在张玉华书记工作室挂牌之初，社区就设立制定了"1355"这样一个工作法。

（一）"1"是贯穿一个中心

党建引领因材施教，拓宽培训形式。张玉华书记工作室以加强基层建设为主题，开设了专题培训和讲座，传授经验、教会方法、体现实务，形成"理论学习＋案例研讨"的教学模式，提升基层党组织书记的整体素质和能力水平。依托工作室共享空间，开展各类学员增能活动，如"社区党组织书记沙龙""社区党组织书记有话说"等活动，提升社区后备力量的整体素质和能力水平。

在帮带工作中，还总结出了书记工作"七字诀"，即书记要求"七提高七个做"，这既是对社区干部的工作要求，也是对他们的期望。一是提高政治方向能力，做头脑清醒的"赶考人"；二是提高统筹协调能力，做基层组织的"当家人"；三是提高调查研究能力，做心中有数的"明白人"；四是提高科学决策能力，做创新学习的"智慧人"；五是提高攻坚克难能力，做事敢担当的"追梦人"；六是提高服务群众能力，做百姓身边的"贴心人"；七是提高拒腐防变能力，做清正廉洁的"老实人"。

图 1　张玉华书记带领新书记及党员开展"传承红色基因　牢记初心使命"活动

党建引领量体裁衣，创新带教模式。情景教学补短板，依托党群服务阵地建设，开展现场教学，通过"实地走访＋案例演绎"的方式，破解党建引领社区治理等热点重点堵点问题。在鲜活的实践案例中老书记定位新角色，新书记展现"爆发力"，开拓工作思路，加快锻炼成长。与此同时，在实操、换位思考中提升社区党组织书记的统筹、分析、协调、应变等能力，形成可复制、可推广的典型教学模式。

（二）"3"是三"he"理念

贯彻核心、合力、和谐理念，建设一支多元化队伍。每月 6 日党日活动，张玉华组织党员、群众骨干、社区工作者在广场开展学雷锋服务一条街活动，为群众免费量血压、理发、磨菜刀、送衣物，为群众服务和改善环境贡献力量。

惠民社区打造党建引领、网格服务、民生导向、基层巡查、公众力量参与的多元共治同心圆，在此基础上，不断学习和坚持发展新时代"枫桥经验"，让矛盾不上交、平安不出事、服务不缺位，社区积极创新探索出符合本辖区实际的党建引领工作新格局，充分利用张玉华书记工作室阵地，通过构建"暖心＋2""志愿1＋1""三单服务""码上办""掌上网格群"等服务模式，提升辖区居民幸福感、安全感和满意度，有效助推党建引领基层治理工作在惠民社区开花结果。

（三）"5"是五微服务

通过微网格、微议事、微课堂、微平台、微治理的五微服务，创新网格员进千家服务，做到经常走访到家、各类意见听到家、思想理论传到家、细致工作做到家、好事实事办到家。

以"掌上网格群"为例，已经覆盖了80%的常住户、居民户，群众线上反映诉求，负责"掌上网格群"的工作人员需要在24小时内回应居民需求，做到了事事有回声，件件有落实，形成了"社区—网格—楼院—门洞"的服务链条。同时，社区与居民共驻微信群，使高楼变成了"掌上一家人"，提升了社区为民服务的能动性，促进了居民参与社区建设的主动性。

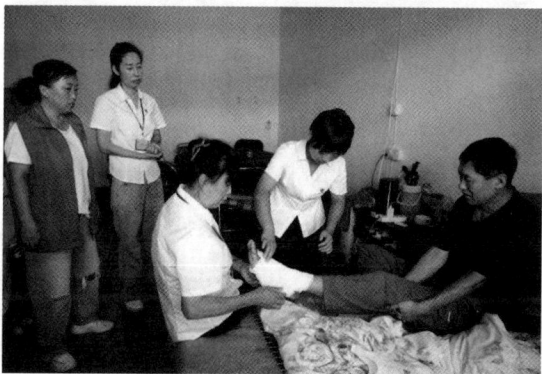

图2　张玉华书记带新书记上门看望社区受伤的贫困低保户

一边是群众的需求，一边是辖区内各方的资源，社区作为中间人如何使双方进行精准对接。为了做好社区群众和辖区资源的对接，张玉华书记工作室以"共"为前提，以"建"为关键，以"效"为目的，探索出以社区党组织为"主心骨"、居委会为"组织者"、辖区居民为"当家人"、物业公司为"大管家"、政府职能部门为"后援团"、辖区单位为"共建者"的"合伙人"工作法，有效推进街企业共建全覆盖，破解社区治理难题。"合伙人"工作法实施以来，社区积累的各类历史遗留问题如房屋过户难等得到有效解决，得到了社区群众的广泛认同。

图3　张玉华书记和辖区药店携手慰问贫困党员

（四）"5"是"五心"行动

工作接待热心、上门服务贴心、社会服务爱心、结对帮扶暖心、解决问题真心。通过"五心"行动，为群众解决上下水井盖损坏、路灯不亮、路面破损、灭鼠打药等群众急需帮助解决的问题，达到群众的满意。

坚持19年开展"暖心关爱帮扶"。每年春节前组织"两代表一委员"、企业带头人、党员、群众骨干、学雷锋志愿者、社区工作人员开展困难家庭送温暖献爱心活动，共计帮扶1000余人，累计帮扶15万余元。

图4　召开"喜迎新春送温暖、真情帮扶献爱心"大会

坚持24年年三十送"暖心年夜饭"。每年年三十都会组织学雷锋志愿者为孤老户、孤儿、"两劳"释放人员、残疾及患病单亲等家庭包饺子，让他

们吃上年三十的饺子。张玉华被很多居民亲切地称为"饺子书记",24 年累计包了 4 万余个饺子。

图5　年三十送"暖心年夜饭"包饺子送饺子活动

创新成立"党员爱民互助基金会"。由于社区贫困户比较多,经常遇到一些急难问题,在此情况下社区创立了基金会,帮助困难家庭解决燃眉之急。基金会成立十余年来,筹集资金 5.8 万余元,先后帮助 400 余户暂在困境中的家庭,累计借用基金 7.5 万余元。基金会是社区暂在困境中家庭最受益、最欢迎的惠民组织。

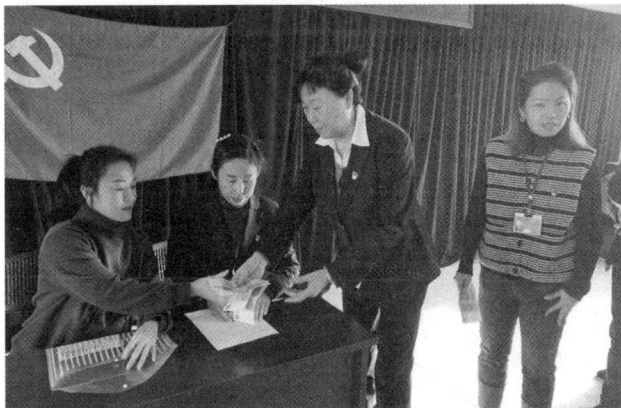

图6　"党员爱民互助基金会"筹集善款现场

张玉华书记工作室不仅是为居民群众解决急难愁盼问题的"诊所",更是社区人才提升基层治理水平的"大学堂",近年来,张玉华书记工作室先后带出了 4 名社区党组织书记和 3 位副书记，他们都在各自的社区快速地成长起来，也有了自己的一套工作方法。

党员不仅是党的一面旗帜，更是老百姓心中的一盏明灯，无论在什么地方，都要做到为广大群众树立积极向上的榜样，当好人民群众的带头人、领路人。社区作为最贴近群众的基层党组织，是党和政府传递、落实政策，了解民情的最基层单位。张玉华书记工作室，不仅仅是一个物理空间的存在，更是社区治理创新、党建引领实践、服务居民升级、做好传帮带的重要平台和阵地。接下来，张玉华书记工作室将持续发挥优秀社区党组织书记"传帮带"作用，让年轻干部平日攒经验、遇事有帮手，通过培育"头雁"新力量，为社区"智库"不断蓄能。

案例整理：侯鸿楠

"五微"工作法：撬动基层治理现代化新格局

——本溪市明山区高台子街道姚家社区党委书记翁兴娜

一、社区基本情况

高台子街道姚家社区党委成立于 2018 年 7 月，前身为姚家村党支部，位于美丽的太子河畔，辖区总面积 3.6 平方公里，管辖区域为太子城一期、三期、六期，现有居民楼 48 栋，常住人口 3086 户 6505 人，为全封闭式物业管理社区。 姚家社区党委下设 12 个党支部，22 个党小组，有党员 482 人。自成立以来，始终把民生实事作为工作重中之重，从"小切口"出发，在细微处用力，以提高为民服务质量为目标，推动社区工作横向到边、纵向到底，姚家社区探索出符合社区实际的党建引领基层治理"五微"工作路径，即"微网格、微阵地、微议事、微治理、微关爱"五类为民服务载体，以治理成效提升居民幸福指数。

二、学习收获体会

翁兴娜是高台子街道姚家社区的党委书记。翁书记于 2024 年 4 月 15—19 日参加了辽宁省委组织部举办的"全省社区党组织书记基层党建助力全面振兴新突破三年行动省级示范培训班"。此次培训以专题授课、分组讨论、座谈交流、参观学习等形式开展。为期五天的学习，虽然短暂，却让她对社区治理有了更深入的理解。社区治理需要居民的广泛参与，才能有效提升社区治理水平。同时，她也充分认识到在新形势下，面对基层治理的新情况、新问题，不断学习、守正创新至关重要，只有持续学习社区治理新方法，才能推动社区治理更加民主化、科学化。

三、学以致用举措和成效

（一）细化"微网格"，凝聚治理"微力量"

社区党委结合小区楼宇、人口分布等实际，将辖区划分成 9 个基础网格，每个网格配备专职网格员，构建"专职网格员—楼长—单元长"三级体系，实现管理无缝隙、人员全覆盖，夯实基层堡垒，提升治理效能，精准化、精细化服务群众。

第四网格网格员在落实"微网格"工作日常走访中，细心地发现太子城一期北区园区内，有一条柏油路面因燃气管道改造已被挖开，回填后坑洼不平。正值雨季，这样的情况将会对居民出行造成不便且存在严重安全隐患，尤其是这个小区老年人比较多。针对这个情况网格员第一时间上报社区党委，社区党委结对太子城物业公司协助配合，对破损地面进行维修，隐患得以排除，守护了居民的"脚下安全"。通过此类事件加快了社区党委在以"微力量"参与社区治理过程中的反应速度和处置效率，整合资源、优化服务，打通了治理"末梢"。

（二）打造"微阵地"，加强社区凝聚力

姚家社区打造了评理说事点、文体活动室、图书阅览室、新时代文明实践站等活动场所，这些微阵地的建立，不仅为居民提供了便利，更有效地延伸服务居民的"触角"，用群众家门口的党群"微阵地"，绘就串点成线的基层治理"风景线"，有效提升社区居民的幸福感、获得感。

为丰富辖区居民的文化生活，感受传统节日文化氛围，社区党委依托"微阵地"开展了"情系姚家、乐猜灯谜"活动。活动现场挂满了美丽的灯笼，五彩缤纷的灯谜纸条随风飘动，让人目不暇接。精心准备的灯谜题目内容涉及字谜、成语、生活知识等多个领域，既丰富了居民的知识又娱乐了身

心。答对题目的小彩头，又为活动增加了一些挑战。居民们兴致勃勃参与其中，有的独自思考，有的三五成群交流讨论。大家穿梭于灯谜之间，场面异常热闹。活动的开展既丰富了广大居民的精神文化生活，更让居民们感受到了社区大家庭的温暖，拉近了社区与居民的距离，提升了社区的凝聚力。与此同时网格员坚持贯彻"五微"工作法，入户走访宣传各项惠民政策、提供帮办代办服务，及时收集居民诉求，不断让"小网格"展现"大作为"，增强居民作为社会治理主体的参与感和归属感，加强社区党委凝聚力，打造宜居、和谐、有影响力的社区"微阵地"，为社区居民带来更加丰富多彩的活动体验。

图 1　开展"情系姚家、乐猜灯谜"活动

（三）做好"微议事"，居民自治添活力

为拓宽议事渠道，不断创新协商方式，深化完善社区协商议事机制建设，姚家社区定期邀请党员群众代表、网格员、物业服务人员等召开协商议事会，就居民身边的难点热点问题在会上协商解决，激发群众自治热情，不断提高居民自治能力，共同推动社区共建共治水平提升，增强社区的凝聚力和活力。

姚家社区党委致力于解决好居民的"身边小事"。如有商户反映太子城三期门前因挖污水管道，导致部分商户门前的人行横道上堆积大量残土与砖块，严重影响居民正常出行与商户经营。针对这一情况，社区党委和网格员秉着"一事一议"的原则，多次到现场实地了解具体情况，经多方了解，最终确认后期恢复地面的事已经和挖污水管道的单位不发生关系，此工程已经承包给恢复铺设人行横道的单位，随后社区党委又联系此单位负责人，告知太子城三期门前因前期施工遗留下的建筑残土影响居民正常出行，需要清运，负责人表示会在两天之内将人行横道上的残土全部清运干净，保证居民正常出行。两天后，网格员到现场了解情况，残土全部清运干净，居民和商户可以正常出行与经营，为居民幸福加码。

图 2　社区网格员召开协商议事会

（四）开展"微治理"，优化环境惠民生

加强社区环境整治，从小事做起，解决居民生活中遇到的环境问题，提高社区的整体卫生和美观程度。为提升群众的幸福感和满意度，推动"党建+物业"管理模式，开展小区损路面维修、楼道环境整治等工作，切实解决居民生活的难点问题，推动人居环境长效治理，让居民生活环境得到明显改善。太子城三期是回迁小区，居民大多为原姚家村的村民，有着旧的生活习惯，习惯性把楼道内公共面积当作自家的"院子"进行使用，这给楼道内环境治理带来了很大的挑战。在姚家社区党委华夏康利物业公司党支部的带领下，小区不定期开展"楼道革命"，在改造居民"旧思想"的同时，营造干

净整洁的居住环境。通过微治理也增强了居民的环境意识，激发居民自觉营造整洁、安全、舒适的社区环境。

（五）志愿"微关爱"，营造文明新风尚

姚家社区深化区域共建，打造"党建＋志愿服务"模式，联合共建单位、党员、志愿者、辖区企业等主体，通过资源共享、组织联动，开展走访慰问暖民心、关爱帮扶慰民心、多彩活动聚民心的"微关爱"活动，不断将关爱的服务对象由特殊群体延伸到所有有需求的群体，将关爱的服务形式由对困难群众的物质帮扶拓宽到兼顾居民的精神文化生活，着力打造有温度的社区服务。

72岁的孙大娘住在回迁楼，是一位肢体四级的残疾人，她与丈夫都是失地农民，生活十分拮据。不幸的是，家中唯一的女儿也在2022年病故，这给孙大娘带来了很大的打击。端午佳节来临之际，姚家社区党委联合本溪市自然资源局走进了孙大娘的家中，开展"微关爱"活动。社区党委书记在与孙大娘交流的过程中了解到，夫妻俩收入低，因年龄增长，身体状况也不是很好，平日通过捡拾废品增加收入。针对这一情况，社区党委决定和孙洪霞结成对子，定期对其进行帮扶。通过走访慰问，切实把党和政府的温暖送到困难群众心坎上，真正起到了慰问一人、温暖一户、带动一片的良好效果。

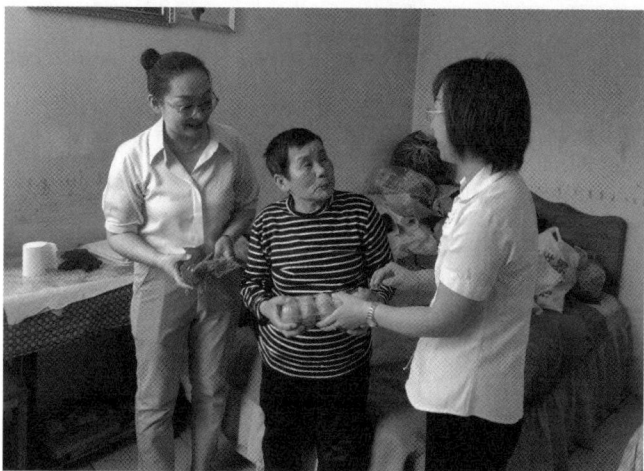

图3　端午节走访慰问失独家庭

　　姚家社区以"五微"工作法为抓手，创新构建基层治理新格局。通过民生"小切口"，撬动基层"大治理"，既强化了党组织引领作用，又通过网格员走访、志愿者服务、居民议事等机制形成治理合力，实现了从"被动管理"向"主动参与"的转变，让社区成为居民安居乐业的幸福家园，真正做到了"小事不出网格，大事不出社区"。

案例整理：崔雨楠

以"三个一"全面扎实提升社区治理建设

——沈阳市和平区南湖街道五里河街社区党委书记雷大可

一、社区基本情况

南湖街道五里河街社区成立于 2023 年 1 月，有居民 2752 户、4898 人，其中社区党员 419 人。划分为 10 个网格，配备网格长 10 名，兼职网格员 12 名。社区推动网格员下沉网格，利用网格微信群的同时，在联系服务中随时随地动态化收集、反馈小区居民所需、所盼。

二、学习收获体会

雷大可是南湖街道五里河街社区的党委书记。雷书记于 2024 年 4 月 8—12 日参加了辽宁省委组织部举办的"全省社区党组织书记基层党建助力全面振兴新突破三年行动省级示范培训班"。此次培训以专题授课、分组讨论、座谈交流、参观学习、集体学习互动等形式开展。为期五天的学习让他深刻认识到必须取长补短，全方位采取措施和运用载体学会将劣质变优质，争取在低起点上作出成绩。

三、学以致用举措和成效

（一）一个核心——党建引领

党建引领是社区基层治理的核心。五里河街社区通过丰富多样的党组织建设活动，充分发挥党建在社区基层治理中的引领作用。

组织辖区党员参观红色文化基地长白党史基地"红船"馆，使社区党员在党史学习中启迪智慧，使"两邻"之情在红色文化下更为加深。红色之旅的实地参观，采取重温入党誓词、踏寻革命先辈足迹等方式，引导广大党员学党史、悟思想、办实事、开新局，展现出新时期社区党员积极向上、团结一心跟党走的精神风貌。

图 1　带领社区党员重温红船精神

开展"重温革命历史 弘扬延安精神"专题党课。社区党委书记雷大可表示，学习延安精神，更要在实际中深入践行，五里河街社区将不断拓展党史学习教育，引导党员干部及时跟进学、积极主动学、深入思考学，从对历史的深入思考中汲取营养、获取动力。同时，充分发挥党员模范带头作用，进一步增强责任感、使命感，确保学有所悟、学有所成。

组织辖区党员、居民参观沈飞航空博览园，学习国防知识，传承献身精神，增强国防意识，坚定居民理想信念，厚植爱国主义情怀，丰富社区居民的业余生活。参观后党员们深刻意识到，要顺应时代发展，更要不断奋发前行，提高综合能力，用实际行动践行新时代党员的责任和担当。

图2　组织辖区党员参观沈飞航空博览园

（二）一个根本——服务群众

基层治理是国家治理的基石，服务群众则是基层治理的出发点和落脚点，五里河街社区积极探索创新基层治理模式，以服务群众为切入点，扎实推动基层治理现代化，取得了显著成效。

五里河街社区践行"解民忧　纾民困　暖民心"宗旨。辖区内老旧小区水泵迸裂，导致大面积停水，社区党委书记主动下自来水阀井排查水管问题，老百姓看在眼里，记在心里，感激地说："你们真正为民办实事，把居民的困难放在了心中，

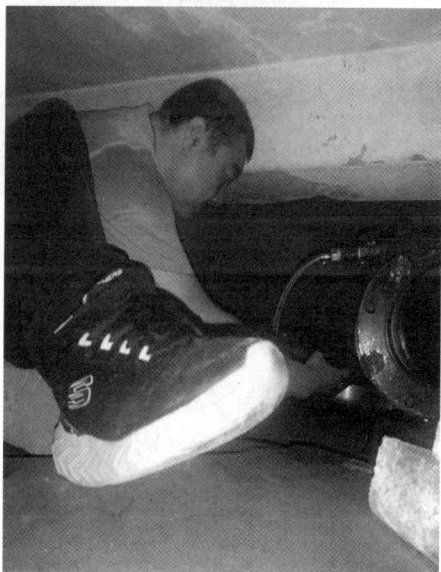

图3　社区党委书记为居民小区检查
自来水水箱

反映的问题能迅速解决，解决了大夏天我们吃水问题。"

五里河街社区坚持把群众安危冷暖放在心上，把维护群众利益落实在行动上，切实为群众办实事、解难题，着重解决好群众最关心最直接最现实的

利益问题。组织发放"'光荣在党 50 年'纪念章"、"七一走访慰问"、"党派我来的"温暖行动和"我是雷锋"等志愿活动。组织走访慰问老党员、困难党员 8 户，传递了组织温暖，也拉近了组织和党员的距离。

社区党委开展了"走访慰问老党员 传递关怀送温暖"活动。"您身体怎么样？""生活有没有遇到困难？""这里有党章等学习资料，您可以随时学习、记录。"每到一户，雷大可书记都与老党员们深入交谈，关心问候，并认真询问他们的身体情况和家庭情况，了解他们生活中遇到的实际困难，叮嘱他们要保重身体，保持积极健康心态。

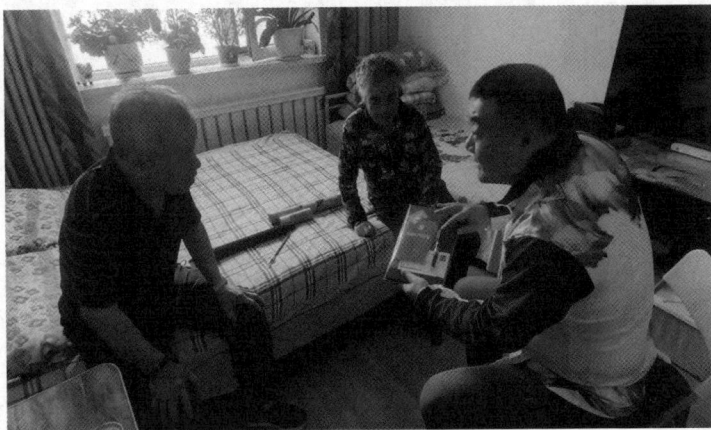

图 4　到行动不便党员家中送党课学习资料

（三）一个关键——多方参与

基层治理需要各种各样的社会力量参与，只有让各方力量充分参与，才能实现在服务群众、整合资源等方面的突破，五里河街社区积极联合政府部门、企业，让多方全体参与到社区事务、社区活动中来，有效凝聚各方力量，形成治理合力。

在沈阳第 25 个共产党员奉献日，社区党员、志愿者，携手科技商城派出所共同开展了以"深入践行'两邻'理念、携手打造更加幸福美好家园"为主题的志愿活动，引导广大党员带领居民群众继续行善举、做善邻。

图 5 组织志愿者联建单位走进小区服务居民

社区以"文明结邻里、互敬伴如亲"的社区治理模式，深化落实"两邻"理念。高度关注"一老一幼"，以健康、文化活动为载体，践行"两邻"理念，拉近邻里距离。与南湖卫生服务中心、益精睛眼科等医疗机构长期合作，开展送医到家活动，让居民在家门口就能享受到健康服务。

五里河街社区将持续深化"三个一"文化建设，携手辖区共建单位、非公党组织开展各类活动，增进社区与居民、单位与居民之间的邻里情，夯实社区基层党组织建设，提升社区治理水平。

案例整理：侯鸿楠

| 第九部分 |
社区便民服务

　　社区便民服务是指以社区为平台，通过整合资源、优化服务，为居民提供多样化、便捷化的公共服务和生活服务，以满足居民日常生活需求，提升生活品质。其内容涵盖公共设施维护、文化体育活动、养老托育服务、医疗服务、就业支持等多个方面。随着"15分钟便民生活圈"的推进，社区便民服务更加注重在步行15分钟范围内的服务供给，满足养老、托育、医疗、购物等基本生活需求。

　　作为连接政府与居民的"最后一公里"，社区便民服务的开展意义重大。首先，它直接提升了居民的生活便利性和幸福感。通过完善社区服务设施，居民能够在"家门口"解决日常生活中的各种问题，如缴费、购物、就医等，减少了时间和精力的消耗。其次，社区便民服务有助于推动社区经济的发展。通过整合社区内外的商业资源，发展社区生活性服务业，不仅满足了居民的消费需求，也为社区创造了更多的就业机会。再次，社区便民服务是完善城市功能、提升城市治理水平的重要举措。通过构建"15分钟便民生活圈"，城市资源得以更高效地配置，居民的生活品质得到显著提升。

社区便民服务的开展为完整社区试点建设提供了良好基础。为不断强化社区为民、便民、安民功能，打造社区便民服务，一是需要不断完善便民服务设施布局，根据居民需求，合理规划养老、托育、医疗、文化等公共服务设施，同时引入便利店、家政服务等商业服务设施，形成一站式服务网络。二是需要加强多方合作，整合社区服务资源，整合政府、社会组织、志愿者、企业等多方力量，在社区内形成共建共治共享的格局。三是推动智能化服务。利用现代信息技术，如智慧物业管理平台、线上服务小程序等，整合社区服务资源，实现服务的线上预约、线下办理，提升服务效率。社区便民服务通过精准对接民生需求、激活社区内生动力、创新服务供给模式，实现了从"管理社区"到"服务居民"的根本转变，以增添"生活温度"交好"民生答卷"。以下案例展现了社区便民服务的实践价值。

"零"距离服务：翠竹社区的多元便民密码

——大连市金普新区马桥子街道翠竹社区党委书记郑娇

一、社区基本情况

马桥子街道翠竹社区成立于 2001 年 6 月，位于开发区主城区的繁华地段，东起抚顺街，西至鞍山街，南至黄海西路，北至金马路，占地约 0.32 平方公里，有居民 3400 余户，5000 余人，近 300 个网点。多年来，社区党组织、居委会始终牢记以人为本，服务居民宗旨，为建设居民自治、服务完善、管理有序、文化繁荣、环境优美、治安良好的新型社区而不懈努力。社区围绕"整合社区资源，健全服务网格，创新服务方式，拓宽服务领域，强化服务功能"，形成"党员带头，志愿者紧随，能者多助、需者乐享"的新局面。

二、学习收获体会

郑娇是马桥子街道翠竹社区的党委书记。郑书记于 2024 年 6 月 17—21 日参加了辽宁省委组织部举办的"全省社区党组织书记基层党建助力全面振兴新突破三年行动省级示范培训班"。此次培训以专题授课、分组讨论、座谈交流、参观学习、集体学习互动等形式开展，为期五天的学习让她学有所获，为她今后开展社区工作指引了方向，对于社区工作的痛点、堵点问题也有了思路。她深刻认识到必须发展社区建设，打造特色的党建品牌，更好地服务更广大的居民。

三、学以致用举措和成效

为使社区的服务阵地与为民服务功能深度融合，更好地为辖区老年人、未成年人、女性及新就业群体等提供实用、贴心、优质的服务，翠竹社区党委从实际出发，将各类服务阵地进行整合，打造便民服务站，以站为心，多群体、多方向开展志愿服务活动，让辖区居民体验到多元化的服务，不断提升居民的幸福感、归属感。

（一）荟萃联盟——凝聚党员先锋力量，破解基层治理动力不足难题

为激励更多辖区企业、居民加入志愿服务当中，打造"荟萃联盟"项目，树立党员先锋典型，发挥党员自身特长和能力，把关怀带给社会，传递爱心，传播正能量，让社区与党员、居民形成"我为翠竹 翠竹为我"的双向奔赴，"荟萃联盟"项目在便民服务方面作出了诸多努力与创新。

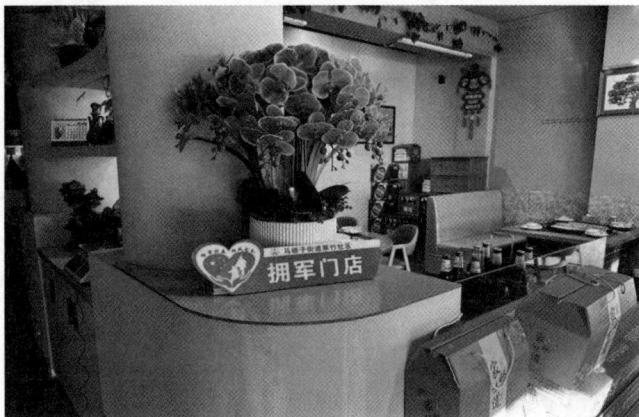

图 1 "荟萃联盟"拥军门店

该服务项目改变了以往集中活动的形式，让爱心商户特别是党员商户，可以结合商户特点提供爱心服务。比如，辖区内的理发店商户，定期为老人提供免费上门理发服务；还有拥军门店，为军人及其家属提供餐饮消费打折服务，进一步增强军人的职业荣誉感和社会认同感。党员以及志愿者们根据自己的特长和时间，从身边小事做起。志愿者们在社区内定期巡逻，捡拾垃圾，清理广告，还向居民宣传垃圾分类知识，帮助大家更好地进行垃圾分

类，共同维护社区的环境卫生。有一技之长的志愿者，会定期为居民提供免费打磨菜刀、剪子等服务，解决居民生活中的小困扰。还有擅长文艺的志愿者，组织社区文艺活动，为居民带来精彩的表演，丰富大家的业余文化生活等。

（二）"郁翠芬芳"——凝聚巾帼力量，破解女性权益保障难题

为服务辖区广大女性权益，让女性朋友遇事有人诉，遇难有人帮，有人可寻，有地可去，以辖区鲜花店为活动场所打造"郁翠芬芳"微家。这里为辖区女性提供维权服务、心理疏导、家风建设指导、技能培训等，通过化解矛盾纠纷、普及法律知识、传播家文化知识，帮助女性提升自我认同，增进互助支持，营造温暖关爱的社区氛围。"郁翠芬芳"微家，将辖区有共同兴趣爱好的女性聚集在一起，以女性需求为重点，为女性提供精准化、特殊化的服务，让辖区女性将"微家"当作自己家，形成多领域、多空间女性工作新阵地，凝聚女性力量，推动女性发展，构建和谐社会。

图2 "郁翠芬芳"微家活动

（三）户外劳动者服务站点——凝聚爱心慈善力量，破解资源分配不均难题

翠竹社区工会户外劳动者服务站点于2019年筹建，因设施齐全、管理

规范、功能完善且充满人文关怀，得到了社会各界的广泛好评与称赞，2020年被评为全国最美户外劳动者服务站点。"户外劳动者服务站点"休息场地配备了桌椅、空调、冰箱、微波炉、充电器、饮水机、按摩椅等，是可以让户外劳动者和新就业形态劳动者"累了能歇脚，渴了能喝水，没电能充电，饭凉能加热，累了能休息"的温馨港湾。2024年度，户外劳动者服务站点又配备了血压仪、血糖仪等基础医疗用品，更加全面地为户外职工提供服务。

图 3　户外劳动者服务站点

（四）青年志愿者服务队——凝聚社会组织力量，破解基层参与率低难题

为更好地弘扬"奉献、友爱、互助、进步"的志愿精神，推动辖区志愿服务发展，翠竹社区组建了翠竹社区青年志愿服务队。队伍成立以来开展爱心义卖，智慧成长托管班、"小小讲书人"分享书籍活动、"与法同行，小学生普法教育"等各类青少年活动，每一次志愿服务活动都饱含着青年志愿服务队的无限爱心，又助力青少年在历练中成长，在活动中感受到服务的快乐。

图 4　青年志愿者服务队活动

　　翠竹社区便民服务站在社区党委的领导下，逐步丰富服务内容，扩大服务群体，争取把更多便民、利民、实惠、有用的服务带给群众。翠竹社区党委将继续全面贯彻党的二十大精神，以党建工作为统领，把服务好群众作为首要任务，全面推行社区党组织精细化服务法，同时带动更多群体、更多居民参与到社区共建共治共享中来，助力社区发展，提升社区治理能力。

　　　　　　　　　　　　　　　　　　　　案例整理：侯鸿楠

37℃幸福体验馆：打造"家门口的幸福"

——本溪市明山区高峪街道合峪社区党委书记马春阳

一、社区基本情况

高峪街道合峪社区位于本溪市合峪路，成立于 2024 年 1 月，辖区面积 1 平方公里，管辖四个居民小区（1 个在建小区），三个物业管理小区，1 个开放式小区。总户数 3734 户，人口 7412 人。社区党委下设 9 个党支部，405 名在册党员，90% 以上为退休党员，临街商铺 201 户。社区"两委"共 6 人，社区工作者 14 人。合峪社区在上级党组织的正确领导下，紧紧围绕党的中心工作。社区党委秉持"党员就是旗帜，应有党员的样子"的理念，加强支部战斗堡垒建设，积极参与关爱帮扶、社区公益、绿色环保、安全宣传等志愿活动，和共建共驻单位携手维护辖区内居民安全，实现党建引领社区工作，以"家门口的幸福"打造出 37℃幸福体验馆特色党建品牌，全面提升社区便民服务能力，切实增强辖区内群众的幸福感。

二、学习收获体会

马春阳是高峪街道合峪社区的党委书记。于 2024 年 7 月 5—9 日参加了辽宁省委组织部举办的"全省社区党组织书记基层党建助力全面振兴新突破三年行动省级示范培训班"第十三期培训班。此次培训以专题授课、分组讨论、座谈交流、参观学习、集体学习互动等形式开展。为期五天的学习让马春阳深刻认识到必须取长补短，全方位采取措施和运用载体，学会将劣质变优质，争取在低起点上作出成绩。

三、学以致用举措和成效

（一）建立"微站点"打造 37℃幸福体验馆

社区是人们除了家以外最亲近的场所，37℃是人体的正常体温，37℃幸福体验馆是合峪社区为建设有温度的和谐社区而创立的服务品牌。合峪社区始终把"为居民提供恒温的、持续的、有人情味的服务放在第一位"作为社区的服务宗旨，"37℃"社区就是以党建引领社区治理，用温度传递至社区的角角落落。

在 37℃幸福体验馆里为长者提供了多种生活、娱乐设施及场景，如设立"竞技馆"为长者提供更多棋牌竞技交友机会；"健康小屋"，方便社区里的老人进行免费体检，守护居民健康；"长者学堂"，不仅让长辈们获得了知识熏陶、技能培养，也让长辈们再度体验朋友间相互陪伴的温暖。同时，重视小居民的生活体验，增加针对儿童的 37℃乐享空间，包含"趣玩乐园"为孩子们提供活动空间；"社区自然课堂""悦读时光""4：30 学堂"等为孩子们提供参与自然课堂、学习阅读、自习等空间；"宝贝加油跑"在暑期开启社区公益晨跑，帮助小居民养成强健体魄、学习劳动习惯。从生活娱乐，到阅读学习，再到技能培养，合峪社区服务站为小居民提供了全方位的有温度的服务，关怀小居民成长。

合峪积极打造社区党群服务中心、物业小区党群服务站、新时代文明实践站，定期开展文化活动，带动居民共同参与社区文化建设，凝聚社区精神。"宋姐，咱们小活动室建好啦，以后我们打牌下棋的地方更敞亮了！"合峪社区党员群众活动室内欢声笑语不断，居民们在里面下棋、打牌、聊天，对焕新升级后的活动场地赞不绝口。同时，社区对弱势群体的关爱体现在"一技之长""搭建平台""救助帮扶"上。通过"一老一幼（小）一弱"的幸福体验，让更多的居民参与社区自治，让"37℃幸福体验馆"这一品牌更显效果，感受到"37℃幸福体验馆"温暖和幸福的特点，打造具有幸福感、归属感的和谐幸福社区。

图 1　37℃幸福体验馆内开展节日活动

（二）开展"微服务"提升居民幸福感

社区党委通过聚焦"小需求"，打造"微服务"矩阵，切实便利居民生活。针对老年群体做饭难、独居安全隐患多等痛点，社区党委联合社会力量打造"长者食堂"。每天清晨，65 岁的张大爷像往常一样走进体验馆，只需扫码就能买到热腾腾的饭菜。食堂不仅提供低价餐食，还根据老人健康需求定制低糖、低脂菜品。除了基础服务，体验馆更化身"民生服务便利店"：一楼设置便民服务台，提供水电缴费、政策咨询等"一站式"服务；二楼开设"银龄课堂"，组织书法、剪纸、智能手机培训等活动，让老年人跨越"数字鸿沟"；三楼则是"邻里会客厅"，定期举办法律讲座、健康义诊，成为居民拉家常、解难题的温馨场所。马春阳书记说："我们追求的不是'大而全'，而是让服务像体温一样自然融入生活。"

"微服务"的温度，不仅体现在硬件设施上，更在于情感联结。社区以"幸福体验馆"为纽带，开展"敲门行动""心愿墙"等活动，收集居民诉求，并通过"社区议事会"逐一解决。独居老人刘阿姨的心愿"希望有人定期陪聊天"被列入重点清单，社区志愿者每周上门陪伴，还为她安装了紧急呼叫装置。在文化共建方面，体验馆推出"周末市集""邻里节"等活动，邀请居民展示手工艺品、分享家风故事。2023年重阳节，社区举办"金婚夫妇摄影展"，老人们身穿婚纱礼服，在镜头前重现青春岁月。这些活动不仅拉近了邻里距离，更让"社区"从地理概念变成"情感共同体"。

图2　依托主题党日活动，社区居民同唱一首歌

（三）细分"微网格"实现管理精细化

合峪社区以创建平安社区为重点，按照人口和楼院分布，划分8个网格，配置13名网格员，设置网格党支部，建立微信网格群，针对不同群体开展数据化管理，做精做细基层治理单元。实行网格化管理以来，通过"大家来找茬儿"，共排查化解安全隐患39起；通过"点对点"服务，化解物业与居民、居民与商户、居民与居民矛盾20余起。合金小区作为老旧小区，在环境整治中，违建、乱堆乱放严重影响施工进度，网格党员带领网格员多次到居民家中进行劝说开导，动之以情、晓之以理，向居民说明利弊，争取居民的理解，最终成功拆除违建，助力老旧小区环境整治顺利推进。做到了"支部建在网格上、党员融入网格中、事情办在网格内"。

展望未来，合峪社区计划引入智能养老设备与线上服务平台，优化服务响应效率，并扩展"时间银行""志愿积分"等激励机制，推动志愿服务可持续发展。通过持续以"体温"丈量民生需求，合峪社区正朝着共建共治共享的现代化社区迈进，为基层治理现代化提供可复制的"合峪样本"。

案例整理：崔雨楠

党建引领聚合力　民生服务暖民心

——锦州市古塔区古城街道星汇园社区党委书记顾佳昕

一、社区基本情况

古城街道星汇园社区位于古塔脚下，辖区占地面积 0.15 平方公里，现有常住人口 2712 人。社区党委下设 3 个网格党支部，6 个党小组，党员 148 名。志愿服务队 3 支，志愿者 97 名。社区党委坚持以标准化、特色化、示范化、成效化为目标，创新"一核多维，多元 $+N$"的嵌入式治理模式。社区党委时刻以居民需求为出发点，建强"红色活动阵地"、打造"红色服务队伍"、不断彰显"红"的特色，体现"治"的成效。社区党委先后荣获辽宁省党支部标准化规范化建设示范点、锦州市先进基层党组织、锦州市"五星堡垒"基层党组织等荣誉称号。

二、学习收获体会

顾佳昕是古城街道星汇园社区的党委书记。顾书记于 2024 年 5 月 6—10 日参加了辽宁省委组织部举办的"全省社区党组织书记基层党建助力全面振兴新突破三年行动省级示范培训班"。此次培训，通过权威专家讲理论、讲思路，基层干部说经验、谈体会，让培训既有理论的高度，也有实践的广度和深度。在培训期间，通过课堂集中授课、案例分享，课后研讨等形式，及时巩固学习效果。此次高规格、高质量的培训，为全面推进党建引领社区治理注入了澎湃活力，为今后加强党建引领提升社区治理水平，做细做实群众工作起到了示范引领作用。顾佳昕深刻认识到必须以此次培训为契机，不断提升服务质量，待人以情、用情办事，待人以心、用心做事，不断聚焦民生实事，真正叫响"党在我身边"。

三、学以致用举措和成效

（一）红色物业筑根基 社区改造解民忧

基层治理得好不好，关键在基层党组织和广大党员。星汇园社区党委坚持发挥基层党组织的战斗堡垒作用，依靠党建把各项工作、内外资源进行最大限度整合、融合，为居民办好事、办实事、解难题。在老旧小区改造后的精细化治理工作中，社区党委充分发挥导向作用，定期召开"党建联席会"，召集物业、居民代表参加会议进行议事协商，研究解决治理中遇到的各种难题，充分调动物业、党员、热心群众代表等多方力量，在上级部门的有力指导下加快组建业主委员会，共同克服人员少、流动性大、居民不理解、麻烦多等多重困难，持续改善物业管理，被市住建部门评选为"红色物业项目"。

加装电梯本是一项提升居民幸福感的工程，但实际上能顺利坐上电梯却不容易。辖区 26 号楼三单元里残疾人、腿脚不便、高龄老人居多，对加装电梯充满了渴望。通过多方协调，做通了低楼层的工作，又由于要从隔壁单元主电表箱接电，从而引发了多方邻里纠纷，导致建成后迟迟不能使用，老人们看着电梯心急如焚，与施工方和隔壁单元发生激烈冲突。社区工作人员、派出所民警、包保领导多次帮助沟通协调，司法部门下沉干部、驻街单位律师以案释法，综合运用"三到位"分开调解、多方协商，成功化解了多起矛盾引发的纠纷。通过群策群力，在"党群共治"中积蓄"奋进力量"。

（二）阵地升级强服务 多元共助惠民生

星汇园社区依托党群服务阵地，创新搭建"党建家"服务阵地，积极调动有治理经验的退休老干部以及老党员参与其中，动态分析群众需求，共同破解治理中的各类难题，打通服务堵点，推动社区治理提质增效。辖区党

图1　社区定期召开"党建联席会"

员、群众形成合力，精准链接优质的服务资源，定期联合锦州医科大学附属第一医院、锦州开放大学、古塔中心幼儿园以及党员志愿服务团队，常态化组织全科专家义诊、医疗健康咨询、弱势群体帮扶、幸福教育课堂等不同主题的公益活动，有效解决了居民就近就医、调药、托幼等难题，为"一老一幼"提供了"家门口"的高质量服务，持续增强辖区居民对社区治理的认同感和归属感。通过精细化治理，在"为民服务"中积蓄"初心力量"。

图2　锦州市中心医院开展专家义诊活动

社区党委持续深化"区域党建"，统筹多方联动的治理模式，将精准服务与精细化治理同步推进。社区老年人比较多，天气好的时候会聚在一起聊聊天，许多家里不用的破椅子、沙发就聚集在了辖区的各个角落。在城市精细化管理工作中，社区积极协调共建单位捐赠座椅，充分调动社会力量参与其中，替换了破旧的椅子、沙发，环境也整洁一新。下沉党员常态化开展环境卫生治理志愿服务行动，针对辖区内的卫生死角、杂物乱堆乱放、非机动车摆放、乱贴乱画等问题进行清理整治，全力推进环境整治工作走深走实。同时，呼吁带动居民自觉维护周边环境，凝聚治理共识，让居民从"被动参与"变为"主动参与"，不断推进精细化管理形成合力。

（三）网格问需办实事 烟火温情聚民心

群众无小事，网格员通过日常走访，充分了解群众的需求，件件事必有所回应。网格员在走访过程中了解到老人有磨剪子、刮脸的诉求，90 多岁高龄的退役军人回忆在部队吃到的馒头、米粥、咸菜等，将这些需求都一并记录下来。社区会统筹各类优质服务资源，常态化组织开展以"邻里烟火气，最是暖民心"为主题的"邻里节"活动。按照居民需求，设置 6 个板块、吸纳 18 家服务主体，包括各类生活服务，引进了馍王馒头、胚芽米粥及百合

图 3 社区开展"邻里节"活动

小菜等当地品牌开展暖心服务。群众的呼声得到了回应，也有效带动了周围居民参与社区治理的积极性。社区党委与锦州市医疗保障局、锦州市中心医院等 18 家单位联合成立社区"大党委"，认领并完成民生服务清单 18 个。充分发挥网格员及志愿者的作用，推动 2500 余条楼道广告转移到共享信息栏上，有效改善了辖区卫生环境，也让各类民生服务更有保障。同时积极吸纳物业公司负责人作为兼职委员，经过议事协商，施划了 372 个标准车位，安装了 50 米安全围栏，为"一老一幼"提供精准服务。通过吸纳优质服务资源，在"党群共建"中积蓄"硬核力量"。

　　古城街道星汇园社区党委坚持立足居民的"小切口"，着力解决居民的急难愁盼问题。通过党建赋能，办好系列民生实事，让精准服务"无微不至"延伸到居民的"家门口"，也把惠民生、暖民心、顺民意的工作切实做到群众的心坎上。未来，社区将把党建引领融入社区工作的全过程、各方面，深度挖掘、破解治理难题，着力打造"有温度的党建，有感知的民生"。

案例整理：崔雨楠

"合"字治理优服务，民生答卷暖万家

——鞍山市铁东区山南街道福康社区党委书记马凤侠

一、社区基本情况

山南街道福康社区坐落在鞍山市中心地带，辖区面积 0.23 平方公里，有 36 栋居民楼，居民 3992 户 8369 人。社区党委下设 6 个党支部、11 个党小组，党员 287 人。近年来社区党委坚持以习近平新时代中国特色社会主义思想为引领，充分发挥党建引领基层治理作用。以"党建+"为引领，将社区党群服务中心打造成居民身边的便民联系点，尽最大努力解决居民的烦心事、揪心事、操心事。以居民需求为导向形成"服务清单"，并努力将"服务清单"转化为"幸福清单"，用一件件实事直达群众心坎，将福康社区建成居民"家门口"的幸福家园。

二、学习收获体会

马凤侠是山南街道福康社区党委书记，2024 年 6 月 3—7 日参加了辽宁省社区工作者学院举办的社区书记培训班。此次培训不仅有省委党校教授讲授的理论课程，也有社区党组织书记以身说法，还有实地参观学习。尤其是基层党建、社区治理、舆情处理等课程，内容贴近基层实际，让她开阔了眼界、丰富了思维。结合这次培训，她深刻认识到必须更加注重学以致用、学用结合，把所学知识运用到实际工作中，不断提升社区服务水平，为居民提供更加贴心、便捷的服务，让社区成为居民的幸福家园。

三、学以致用举措和成效

（一）优化供给服务合，提质创新解忧难

图1　社区居民在阳光社区食堂内用餐

社区是离群众最近的地方，也是贯彻以人民为中心的发展思想最具体、最直接的单位。要想工作接地气，服务就要做到群众心坎上，必须了解群众的所思所盼，解决群众的操心事、烦心事。福康社区老年居民比例高，独居老人做饭吃饭是难题。为此，社区党委拓展工作思路，探索服务群众新路径，专门划出200多平方米的空间，2021年4月引入钧乔实业有限公司，开办了阳光社区食堂。食堂开业至今，每天都有四五百人用餐，解决了老人吃饭难的问题，也解决了他们家庭的后顾之忧。让辖区老人再也不用为吃饭发愁。同时，通过鞍山市阳光公益行动协会等社会组织，不断拓展社区的服务功能，增设了老年人家庭照护、卫生保洁、月嫂看护、育婴师护理等专业服务项目，满足辖区居民的日常生活需要。为了让辖区老人老有所养、老有所依、老有所为、老有所乐，社区在党群中心成立了老年学习中心，琴棋书画、歌舞表演、乐器演奏等应有尽有，打造文化养老"四堂课""四个工程"，让老年人退休不褪色，夕阳显担当。福康社区离退休党支部2024年被评为全国离退休干部先进集体。社区想办更多类似社区食堂这样的民生实事，不

断满足人民日益增长的美好生活需要，让群众的获得感成色更足、幸福感更可持续，从而交出一份令人满意的惠民答卷。

（二）共治共享居民合，齐心协力创和谐

图 2　志愿者帮助社区居民维修物品

社区党委将便民服务作为党建工作中心线，用党员"红色微服务"组织引领并积极参与社区志愿者服务队伍，建立"爱心驿站"，组织引导社区党员干部和志愿者积极参与"爱心驿站"的各项服务工作；在小区楼栋中建立由党员志愿者组成的"五员志愿服务队"（法制宣传员、纠纷调解员、治安协管员、环境监督员和义务消防员），在"治安巡逻""文明交通劝导"等方面积极作为，实现共建共治共享；积极打造"义务维修"小分队、"老奶奶"义务清洁队、"老手拉小手"关心下一代小分队等 15 支志愿者服务团队，为居民提供接送孩子、照顾孤寡老人、义务维修等志愿服务。为实现志愿服务资源与居民需求精准对接，不断壮大"志愿红"，汇聚服务"众力量"，社区推行志愿者周五服务大集模式，有特长的志愿者们在社区一楼大厅"摆摊"，义务给居民提供理发、修脚、磨刀、修理电器、量血压、心理咨询、营养配餐等服务。针对行动不便的居民，服务队主动上门提供服务，每年有上万人受益。使辖区居民享受精准服务"项目包"。涌现出义务为居民修理家电的鞍山市道德模范赵国忠、"金钥匙管家"曾凡忠等一批深受群众拥戴的优秀

党员志愿者。

（三）凝心聚力队伍合，多方联动共治理

充分发挥社区"大党委"作用、以"千村联千企 党建促振兴"等活动为载体，发动驻区单位、"两企三新"、社区在职党员和广大志愿者等各方力量，先后出资成立公益基金、修建"爱心路""口袋公园"，共同解决为民服务大小事。同时邀请他们参与社区"邻里节"、"银龄趣味运动会"、庆祝中华人民共和国成立 75 周年文艺表演等活动，营造共治共建共享的和谐氛围。社区党委设立"小哥加油站"，帮助解决户外工作的流动人员就餐、饮水、如厕、避雨、休息等难题。提供心理咨询、普法维权、免费充电、免费Wi-Fi、医疗急救箱、维修工具、书籍报刊等服务，在夏季持续高温情况下，社区党委购买了 10 箱盐汽水免费提供给外卖骑手和货车司机饮用，让他们在忙碌的工作中，找到给身心充电的"加油站"。同时，吸收 22 名"快递小哥""外卖骑手"担任社区流动网格员，引导他们积极参与基层治理，让每一位从业者都能找到党组织，回到"家"。把新就业群体吸引过来、组织起来、稳固下来，邀请他们当兼职网格员，担任"民情前哨"和"移动探头"，有了他们帮忙，社区对治理问题发现更早、解决更快，群众对社区工作更满意了。福康社区坚持以"为民服务解难题"这个根本点开展党建工作，通过党建工作服务群众、凝聚群众，让他们自觉自愿团结在党组织的周围。

图 3　福康社区邻里节节目表演现场

福康社区以"民之所忧，我必念之；民之所盼，我必行之"的治理理念，构建起服务精准化、治理精细化、参与多元化的基层治理新范式。通过"大党委"联动机制，整合"两企三新"等社会力量，形成"需求在网格发现、资源在网格整合、服务在网格落地"的治理模式，为基层社区治理现代化提供创新范式。

案例整理：崔雨楠

党建领航三创新，服务直通民心坎

——锦州市凌河区紫荆街道风华社区党委书记秦宏厦

一、社区基本情况

紫荆街道风华社区成立于 2014 年，地处城乡接合部，辖区面积 0.9 平方公里，5 个物业小区、15 栋老楼、一片平房区、570 户廉租房，常住居民 6870 户，人口 14698 人，划分为 5 个网格党支部，17 个网格，配备 14 名工作人员。辖区居住人员结构复杂，进城务工人员多、出租房屋多、"三低""三少""五失"人员多。风华社区以创新实践书写基层治理新篇章，以党建引领为抓手，不断探索基层服务的新路径，通过构建党建服务体系、宣传红色文化、建立"红色直播间"三大举措，形成"党建引领＋文化铸魂＋科技赋能"的治理闭环，让党旗在社区治理一线高高飘扬，架起政策连心桥，切实增强居民获得感与幸福感。

二、学习收获体会

秦宏厦是紫荆街道风华社区的党委书记。秦书记于 2024 年 5 月 20—24 日参加了辽宁省委组织部举办的"社区党组织书记省级专题培训班"。此次培训以专题授课、互动沙龙、案例交流、实地教学、分组研讨等形式开展。通过这几天的培训，她深受启发，对如何做好党支部书记，如何发挥好党员作用有了新的感悟，对今后的社区创新治理工作有了新的启发，对如何做好党支部书记，如何发挥好党员作用有了新的感悟，对今后的社区创新治理工作有了新的记性，对怎样做好党建工作有了更加清晰的方向。她深刻认识到必须从自身做起，切实带动整个基层党支部，发挥党员的骨干模范带头作用，打造高质量的社区创新治理新模式。

三、学以致用举措和成效

（一）"网事 365"：建设"零距离"便民服务体系

风华社区以基层党建为统领、群众需求为导向、网格管理为抓手，创新推行"网事 365"社区治理新模式，推动社区治理从碎片化到精准化、专业化、标准化，推动群众新要求在网格中发现、资源在网格中整合、问题在网格中解决，聚焦群众急难愁盼问题，做到 365 天服务不打烊，360 度无死角地为民服务。社区搭建参与社区事务协商工作平台，形成"大事共商、资源共享、活动共办、实事共做、共驻共建、共同发展"的党建新格局，通过在职党员进社区入小区服务载体，形成了"党群连心、携手共建"的特色社区治理工作法，及时、高效地回应居民诉求，解决小区治理难题，创造有温度的幸福风华。同时认真抓好"社区大党委—小区党支部—楼栋党小组"党建网格体系，实现由"9 名干部"单一力量作战到"9 名干部 +20 名小区党支部委员 +147 名小区党员"的集团作战，服务群众 1 万多人次，帮助解决群众实际困难 265 件，为群众办好事实事 200 多件。为了进一步夯实社区治理成效，风华社区打造"一站式居民会客厅"，实现服务群众零距离；打造"金牌调解室"启动三级调解模式，实现矛盾纠纷零上交；打造"社区警务室"，实现治安防控零缝隙；打造"医疗康养服务中心"，实现康养结合零负担；引领 17 个子网格，实现党组织覆盖零盲区，网格管理零缺位的目标。社区向居民开放图书阅览室、儿童之家、青年之家、家庭教育指导中心等 12 间特色功能室，真正把党的组织优势转化为"看得见、管得着"的能够服务居民、造福居民的民心工程。

（二）"幸福课堂"：开启社区教育新模式

风华社区积极探索为民服务的"新路子"，解锁幸福教育课堂新模式，以群众对美好生活的向往为社区治理新目标，把服务群众、造福群众作为社区治理的出发点和落脚点，不断增强居民的获得感、幸福感、安全感。聚焦老有所学，社区开办老年大学，每周日公布下一周的课程表，由居民自主选择感兴趣的课程来学习，已开设德育法律、智慧助老、音乐舞蹈、非遗传承、书法绘画等课程，丰富了老年人的文化生活，让老人们乐在社区，学在社区。聚焦幼有所教，社区开办"四点半课堂"，解决双职工家庭子女看护难的问题，并邀请专业教师为孩子们开设国学启蒙、美术、舞蹈、英语绘本阅读、书法等课程，并在周末及寒暑假，开设亲子乐园、假期公益托管等项目，组织开展亲子讲座 6 次、亲子手工活动 22 次，"四点半课堂"已服务 93 组家庭，让社区真正成为居民的幸福之家。

图 1 "薪火课堂"之"我来讲党课"

（三）"红色直播间"：打造社区治理新载体

新媒体技术的广泛应用正在改变着人们生活与交往的空间范围，面对新媒体时代的机遇与挑战，风华社区率先打造新媒体实践创新基地，为辖区居民与企业提供交流学习、合作与资源对接的平台。

一个支架、一部手机，由社区网格员来当主播，向居民群众讲政策，为居民群众解难题，这样的情形，就发生在风华社区的红色直播间里。社区网格员通过直播的形式，拉近了与居民之间的距离，让居民了解了党的创新理论和惠民政策，让"红色直播间"成为居民朋友思想的"加油站"。在这里，居民可以近距离体验高新技术短视频的合成展示，也可以观摩电商发展和"数实融合"等成果进展以及直播现场的生动表现。直播间还注重"一老一幼"的安全科普教育工作，定期开展老年防诈骗知识宣讲，以及为幼儿园小朋友开展防性侵系列教育直播活动，为"一老一幼"建立起一道安全的盾牌。除此之外，基地还定期邀请网络达人，就直播带货、短视频拍摄等相关知识进行讲授与培训。已开展 6 次技能提升培训，受惠人群 525 人，社区已有 68 人成功带货，不仅增加了居民个人经济收入，还带动了周边经济的发展。

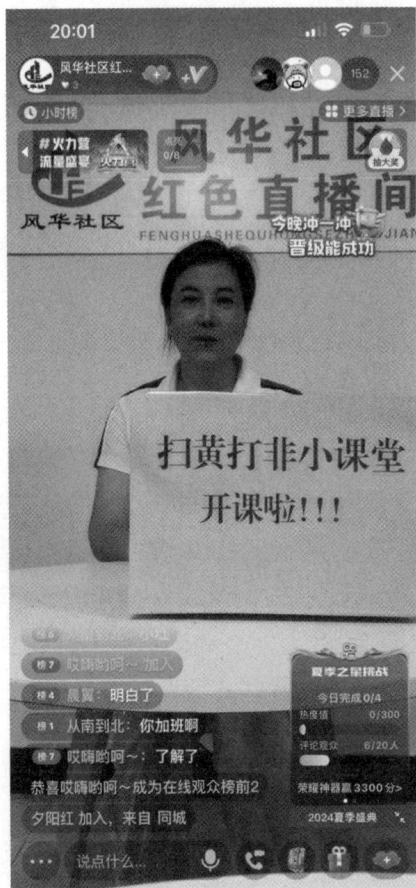

图 2 "新媒体基地"直播现场

风华社区始终坚持以人民为中心推动基层治理提质增效，打造"风华社区"治理新模式，聚焦社区治理难点、痛点、堵点，紧盯社区服务短板弱项，创新方式、精准施策、深入实践，形成具有风华特色的社区治理创新思路，努力建设集管理有序、服务完善、治安良好、环境优美、文明祥和于一体的和谐社区，以实干实绩服务好社区居民群众，不断增强居民的获得感和幸福感。

案例整理：崔雨楠

红色议事会助推基层服务精细化

——丹东市东港市大东街道党工委副书记王云鹏

一、街道基本情况

大东街道位于东港市主城区，与新兴街道、新城街道相邻，辖区总面积11.45平方公里，辖12个社区、4个行政村，有住宅小区108个（有物业小区46个、无物业小区62），划分网格217个，户籍人口65248人，常住人口101989人。街道党工委下辖基层党组织142个，包括11个党委、4个党总支、127个党支部，其中"三新"领域党支部31家，共有党员3422名，其中农民党员245人，党员平均年龄60.7岁；社区专职工作者170人，其中，中共党员76人，村"两委"干部22人。

二、学习收获体会

王云鹏是大东街道党工委副书记。2024年6月，他参加了辽宁省委组织部—辽宁社区工作者学院举办的"全省街道党工委副书记能力素质提升省级示范培训班"第五期学习。培训班"基层治理体系与治理能力现代化""街道干部工作能力素养提升""基层党建工作创新案例解析"等课程。老师们深入浅出的授课让他受益匪浅，更加明晰了自己在振兴东北大潮中的责任所在；精彩的分组研讨，来自全省各地基层党组织副书记关于基层治理的独特见解和方式方法，使他进一步拓宽了工作思路和视野。

三、学以致用举措和成效

通过课程培训，王云鹏认识到街道工作在最基层，解决好群众的急难愁盼问题，是最主要的任务所在。大东街道位于老城区，无物业小区多达 62 个，主要存在两个问题：一是成立业委会难，部分老旧小区物业脱管，群众参与意愿低；二是有些小区建成时间较长，没有物业管理，老旧小区改造后，难以引进物业管理，导致群众诉求激增。如何进一步推进小区居民议事会工作的规范化建设，改进和提高社区居民议事会工作效率，需要结合街道特点和工作实际，探索以党建引领建立红色议事会，着重解决辖区内无物业小区治理难的问题，助推基层服务精细化。

（一）突出党建引领，激发党员服务"新动能"

大东街道明确"党建引领、乡贤志愿、民主协商、居民自治、多方参与、共促和谐"工作理念。经过充分论证，将区域内 62 个小区无物业小区划分为 31 个片区进行管理。

图 1 调解基层矛盾现场

一是广泛摸排，建强队伍，充分发掘社区、小区"两代表一委员"、退休老党员、在职党员干部等中坚力量，积极调动企业家、律师、警察、教师等行业有社会带动效应人员积极参与到物管会建设和小区事务中，建立大东街道、社区、小区三级议事会，成员 68 人，其中党员 65 人。畅通民意民情收集渠道，将农村老党员，热心村民充实进网格队伍，重新划分农村网格 29 个。

二是发挥社区党委和小区网格党支部的带动、示范作用，通过主题党日活动、社区干部下沉网格服务群众、"一老一小"关怀服务等载体提升群众的向心力、凝聚力，积极参与小区建设，同时开展公安民警进基层专项活动，目前共有 16 名民警在社区、村党组织担任副书记，有效提升基层防突处突能力。

（二）落实基层服务，搭建党群"连心桥"

深入探索建立"社区党工委＋红色议事会＋包联单位、小区党支部、物管会（业委会）"等"1+1+N"的基层治理架构。以向阳社区红色议事会为模板，在准备成立阶段，充分发掘居民中"两代表一委员"、退休老党员、在职党员干部等中坚力量，积极调动律师、警察、教师等行业有社会带动效应人员积极参与到红色议事会当中，成员共计 7 人，包括老党员、退休教师、在职护士等，有效提高了红色议事会在居民心中的地位。在老旧小区改造过程中实现社区、居民零距离沟通。

图 2　大东街道红色议事会

红色议事会解决矛盾纠纷 180 多条，包括停车位规划、绿化带建设、路灯摆放、共享充电桩安装位置等问题，开会调解吉安小区、状元府小区等大型问题 4 次。把问题关口前移，调动各方力量提前介入，有效地减少了后期可能产生的矛盾和隐患。在红色议事会的积极协调下，老旧小区改造工作顺利完成，居民的主人翁意识大大增强，参与基层治理的积极性显著提升。实现了"鸡毛蒜皮不出楼门、小事不出社区、难事不出街道"的目标。

（三）筑牢民生阵地，画好服务"同心圆"

同步"党建＋服务"，共同画好为民服务"同心圆"。结合社区、村实际情况打造党建示范点，推进"数字社区"建设，例如探索西海社区智慧党建，引入"善治大东"管理平台，将政策宣传、居民服务放进线上，推广手机小程序网上办理各项业务，不断打造特色服务亮点。同时，完善"社区党群服务中心＋网格党群服务点＋党群服务专干"的党群服务工作体系，推进阵地入网、工作入格，推动党建类、服务类、治理类、活动类等民生高频事项下放到党群服务点、睦邻点。

以海关社区吉安小区为试点，探索建立"积分超市"，从文明家风、扶贫帮困、和睦邻里、参与社区文明城市创建（卫生清理、小广告清除）等方面制定积分细则和兑换标准，充分调动社区居民深度参与基层治理和社区建设的积极性。挖掘培养社区治理达人，通过"社区发掘＋居民推荐＋个人自荐"的方式，组成 12 支公益、文艺、法律等"能人先锋队"，深度参与居民生活的方方面面，实现"共治、共建、共享"的目标。

图 3　大东街道西海社区"善治大东"管理平台

古语有云，兵马未动粮草先行，民意民情等信息就是基层治理工作中的"粮草"保障，必须认识到收集民意，用心用情用力沟通群众、服务群众在基层治理工作中的重要性，大东街道将推进落实社区干部进网格和全能型社工队伍建设，利用好数字化平台（"善治大东"小程序），健全收集民意民情渠道，通过党建品牌的打造和优化升级，充分调动辖区内党员干部参与基层治理的能动性，打通服务群众的"最后一公里"。

案例整理：王晓晴

以民为本　促进基层服务提质增效

——大连市普兰店区丰荣街道党工委副书记崔海涛

一、街道基本情况

丰荣街道为半城半乡型街道，下辖 12 个社区、8 个行政村，区域总面积 144 平方公里，其中农村面积 110 平方公里；总人口 13.8 万人，其中常住人口 10.1 万人；党工委下属 234 个基层党组织，党员 4442 人。丰荣街道是主城区与农村地区的衔接区，是统筹城乡发展的连接带。近年来，在上级党委、政府的正确领导下，丰荣街道坚持党建引领、全域共进、智慧治理、服务惠民的总体工作思路，围绕发展抓党建，抓好党建促发展，统筹推进政治、经济、文化、社会、生态和党的建设，有效推动各项事业高质量发展。街道先后荣获"四好农村路"省级示范乡镇、辽宁省文明单位、市基层党风廉政建设示范点和平安街道等称号；街道综合文化站被评为全国群众体育先进单位。

二、学习收获体会

崔海涛是丰荣街道党工委副书记。他在 2024 年 5 月 20—24 日参加了辽宁省街道党工委副书记省级示范培训班的学习。学习期间，他学习了"习近平总书记关于东北、辽宁振兴发展的重要讲话和指示批示精神""基层治理体系与治理能力现代化""街道干部工作能力素养提升""基层党建工作实务""基层党建工作创新案例解析"等课程。通过听名师授课、学时事形势、明党纪法规、谈为政之得，他收获良多。一是认识得到大提高。通过学习习近平总书记关于新时代东北振兴的重要讲话和指示批示精神，思考了当前东北发展瓶颈问题背后深层次的原因，明确了今后工作方向。二是党性接受大洗礼。通过阅读《中国共产党纪律处分条例》原文，搞清楚"可为"与"不可为"，弄明白"应做"与"必做"，将党纪内化为"日用而不觉"的言行准则，拧紧知敬畏、存戒惧、守底线的思想"总开关"。三是思想获得大解放。分组研讨、互动沙龙、案例交流等丰富的课程安排，为今后工作提供了新视角、新方法、新观点，是一场综合能力提升的盛宴。

三、学以致用举措和成效

崔海涛通过培训深刻认识到，基层工作不仅是治理的末端落实，更是服务群众的前沿阵地。在实际工作中，他坚持以人民为中心的发展理念，积极探索创新基层服务模式，努力推动乡村振兴与社会和谐发展。为此，他带领团队在产业发展、基层服务和民生保障等方面大胆实践，积极探索党建引领、产业振兴、民生改善的新路径，不断提升基层服务水平。

（一）助农兴民，引进产业发展新动力

成立大葱、花卉产业联合党委，打造全面覆盖、深度协作的产业链党建共同体。通过修建排水渠、整修河道，解决种植基地排水问题。联合党委积极搭建平台，开辟大葱试验田，选育大葱新品种进行比较试验。邀请农业专家为村民开展病害防治、选种、栽种技术培训。联合特种粮研究所大力推广"连粳3号""连烤薯1号"等特有品种，维护粮食安全。强化"产业联合党委＋龙头企业＋合作社＋农户"联农带农机制，以普东社区大连世纪种苗有限公司为龙头企业，带动周边农民花卉种植，推动形成带动全域、辐射全区、面向全国的订单式农业，把增收留在农村、留给农民。发挥产业联合党委"1+1>2"的聚合效应，着力打造"一村一品""一街多品"的发展局面。

图 1 农业专家为村民授课

（二）以民为本，创建基层服务新模式

以"服务"为核心，创新服务方式，提升服务效能，让群众切实感受到贴心、便捷、高效的服务。

一是以服务凝聚群众力量。深化"阳光三务"成效，发挥"评理说事点"功能，突出"中心户"作用，打造"家和邻里亲"品牌调解室，做到问题不出村、矛盾不上交，做法被大连市司法局推介。

二是以服务保障公平正义。培养街道干部运用法治思维和方式开展工作，提升网格化服务水平，结合"三官一律一司"进社区活动，提高群众法律意识和法治素养，杏花村被评为"全国法治示范村"。开展民族宗教和反邪教服务工作，严厉打击非法宗教，维护社会和谐稳定。

三是以服务提升治理效能。成立联调办公室，深入开展大走访、大排查、大调处活动，加强源头治理。推进"化访攻坚"，做到"三到位一处理"，努力将问题吸附在当地、把人员稳控在基层。同时注重以先进文化感染人教育人，成立理论宣讲队，通过"云课堂""送课到一线"等形式，让党的创新理论"飞入寻常百姓家"。建设文化广场、社区书屋及农家书屋等，打造好老百姓"家门口"的文化阵地。

图 2　杏花村网络法治宣传教育活动

（三）为民服务，打造民生保障新标杆

一是增强群众获得感。加强老城区建管和城中村改造，加大"两违"建筑拆除力度。在壹品莲城打造"红色物业"示范点，在影东小区试点推进开放小区封闭管理，推动现代社区建设全面进步。依托杏花村实施"中心村"建设试点，驱动乡村面貌改善和乡风民风生态文明建设。

图 3　全国文明村杏花村荣誉墙

二是增强群众幸福感。融合全国文明村杏花村、红橡大道、花街、樱花大道、玉兰花大道、海棠花大道等特色农旅景观，持续打造"文旅新 IP"；推进人居环境整治，开展村（屯）绿化，加强道路建设和河道治理，提升城乡建设功能品质；加大对教育、养老等民生领域投入力度，做好特殊困难群体帮扶和关心关爱等工作。

三是增强群众安全感。完善应急体系建设，坚持每天一名副职领导检查安全生产制度，实施农村饮水安全提升工程，保障人民群众生命财产安全。

案例整理：王晓晴

搭建社区网格精细化服务共同体

——沈阳市沈河区风雨坛街道永环社区第一网格党支部书记李剑

一、社区基本情况

风雨坛街道永环社区位于沈阳金廊核心位置，地铁一、二号线交会处，交通发达、地理位置优越。辖区地域面积 0.173 平方公里，居民总数 3793 户，户籍人口 10585 人，常住人口 6983 人，共计 41 栋楼 170 个单元，居民楼建于 20 世纪 90 年代，属于老旧社区。社区党委下设 11 个社区党支部，党员 501 人。社区全面推动四级网格体系与基层治理体系有机融合，完善社区、责任区、楼院、单元等四级体系（党委建在社区、支部建在网格、党小组建在楼栋，党员中心户活跃在单元），提出具有永环特色的"1314+N"工作法，即围绕一个核心（党建引领）、通过三个平台（社区工作平台、诉求平台、服务平台），沿着一条主线（同心文化）、办好四方面（舒心就业、幸福教育、健康沈阳、品质养老）民生实事，N 项事业发展大局广泛融入。社区被评为全国综合减灾示范社区、省级充分就业示范社区、沈阳市最美志愿服务社区、辽宁工人先锋号、沈阳市先进基层党组织。

二、学习收获体会

李剑是风雨坛街道永环社区第一网格党支部书记。2024 年 10 月参加了辽宁社区工作者学院举办的社区网格党组织负责人培训班。学习期间，培训班安排了"习近平总书记关于东北、辽宁振兴发展的重要讲话和指示批示精神解读""网格突发事件的应急管理策略""红色物业与网格化管理"等课程。培训以专题授课、经验交流、分组研讨、现场参观教学等形式进行，通过课程的学习，她不仅收获了成为一名合格社工必备的专业素养，更加深刻体会到了作为一名社区网格党组织负责人的责任与使命，还进一步激励她将把学到的知识和经验运用到实际工作中去，不断创新工作方法和手段，提高工作效率和质量。她深刻认识到必须继续加强学习、提升能力、强化服务、注重实践、创新方法，更好地服务群众、推动社区发展。

三、学以致用举措和成效

李剑意识到要想提升社区网格服务水平，就必须坚持党建引领，构建起"一张"网，因此永环社区党委织密了红色网格组织体系，打通了党组织在基层治理中的"神经末梢"。

（一）引领党建联席会议

网格党支部始终坚持以党建引领为核心，以党群服务中心为平台，以网格党支部为抓手，将党建工作触角延伸到社区治理各方面。社区健全社区治理组织体系，构建起"一张"网，党委建在社区、支部建在网格、党小组建在楼栋、党员中心户活跃在单元，红色物业与社区两委双向任职，与非公企业党支部、社会组织党支部、机关下派党支部、域外共建党支部形成党建联盟，到底到边全覆盖的红色网格组织体系打通了党组织在基层治理中的"神经末梢"。

同时，支部用好党建联席会议制度，把各类组织、资源和力量有效凝聚在党组织周围，将会议开在网格、楼院，研究解决涉及党建、治理和民生等各类问题，有效发挥党组织在基层治理中的核心地位。网格党支部推选出党性强、威望高的党员中心户，作为小区治理的"宣传员、协调员、监督员"，在政策宣讲、幸福教育、协商议事等多层面释放"红色力量"，彰显党员的先锋模范作用。

图 1　党建联席会议

（二）凝聚合力托举网格精细服务

网格党支部紧紧把握"两邻"理念深刻内涵，创造性地提出"同心同德、同治同向"社区文化风向标，广泛动员"两代表一委员"、"两新"组织、党员群众等多方力量，积极对接省委老干部局、省关心下一代委员会、沈阳市实验学校、民建沈河区委等单位，在舒心就业、幸福教育、健康沈阳、品质养老等民生领域持续发力。

网格党支部坚持开展"学校放假 社区开学"系列活动，整合辖区内包括社区"五老"在内的各类资源，极大地丰富了广大学生群体的假期生活，受到了家长、学生的一致好评。社区按需成立文化活动团队 8 支，科普大学、酷老太英语班、读友会等团队 6 支；每月举办"长者生日会"，组织当月过生日的老年人到社区过集体生日，已成为老年人每月最期盼的"家庭聚会"。社区通过强化"一老一幼"服务，不断织牢织密民生保障网，托起更多老人和孩子稳稳的幸福。

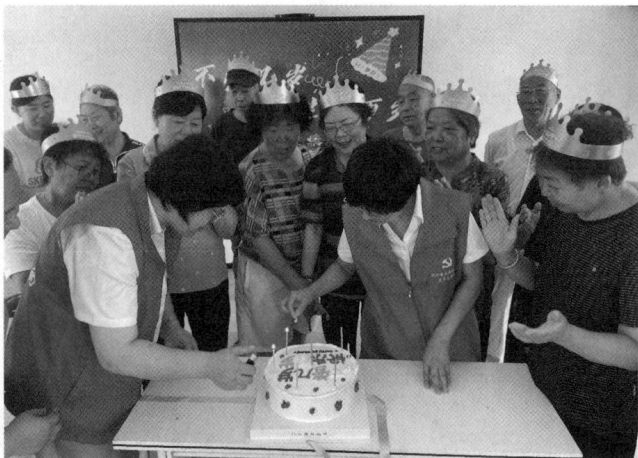

图 2　社区举办"长者生日会"

（三）需求导向促网格精准服务

网格党支部坚持以群众需求为导向，结合"解民忧、纾民困、暖民心"行动、"敲门行动"及"周六不打烊"专项行动，积极推进资源和服务下沉到各级网格中，深入收集民意、精准把握需求，指导社区精准服务。社区网格员通过问卷调查、座谈会、入户问询、微信群反映等方式，了解民之所需、民之所盼，开展"群众点单，社区下单，网格员接单"定制式服务，满足不同居民政务办理、党群活动、综合治理、协商议事、文体康养的多样化需求。

图 3　网格党支部召开"两邻"恳谈会

网格党支部召开形式多样的"两邻"恳谈会、议事协商会、居民座谈会，走进网格同居民面对面沟通、将居民请进社区，听民意、察民情、聚民智，拓宽了民意收集渠道，提升了社区治理的民主化、科学化和精细化水平，构建了和谐、有序、高效的社区网格治理体系。

（四）数据赋能网格服务提升

网格党支部利用"互联网+"，采取一总机（社区总机 24 小时有人接听，上班后呼叫转移）、一电脑（信息化平台电子装户图即时查询）、一日记（线下日日下网格、民情日记时时记）等服务方式，实现社区信息互通、资讯共享、查询便捷、问题立解。社区首创"五色装户图"工作法，以网格为单位，通过网格员地毯式精细筛查整理，将每户居民情况和相关数据整合进装户图中，实现对社区全部 41 栋楼居民情况的动态管理，助力安全隐患排查、经济普查等工作开展。

案例整理：王晓晴

| 第十部分 |
社区矛盾纠纷化解

　　随着城市化进程的加快和社会结构的变迁，社区作为社会的基本单元，承载着居民生活、文化传承和社会治理的多重功能。然而，社区内部的矛盾纠纷也日益增多，涉及邻里关系、物业管理、公共资源分配等多个方面。社区矛盾纠纷的化解，不仅是维护社区和谐稳定的重要任务，也是提升居民幸福感和归属感的关键举措。

　　社区矛盾纠纷的有效化解对于构建和谐社区、促进社会进步具有深远意义。首先，它有助于维护社区的稳定与安宁。社区是居民生活的家园，和谐稳定的社区环境是居民幸福生活的基础。通过及时化解矛盾纠纷，可以避免冲突的升级和蔓延，减少对居民正常生活的影响，增强居民的安全感和归属感。其次，化解社区矛盾纠纷能够促进居民之间的相互理解和信任。在矛盾纠纷的化解过程中，居民有机会表达自己的诉求和意见，通过沟通协商解决问题，从而增进彼此之间的理解和包容，增强社区的凝聚力和向心力。再次，社区矛盾纠纷的化解还能够提升社区治理水平。通过对矛盾纠纷的分析和处理，社区管理者可以深入了解社区存在的问题和居民的需求，从而优化治理策略，完善治理机制，提高社区治理的科学性和有效性，推动社区的可持续发展。

社区矛盾纠纷化解是一项系统性工程，需要社区管理者、居民以及社会各界的共同努力。它不仅是社区治理的重要内容，更是实现社区和谐发展的关键环节。通过以下案例总结经验教训，可以为社区管理者和居民提供有益的参考和借鉴。

网格联动共治，化解社区矛盾纠纷

——辽宁省丹东市五龙背镇温泉社区党委书记阎莺莺

一、社区基本情况

五龙背镇温泉社区成立于 2002 年，是一个城乡接合的社区，社区辖区面积 3 平方公里，涵盖 4 个有物业小区、12 个无物业小区、2 处平房居民区。社区共有居民 2316 户 5280 人。温泉社区是一个老年人口比例偏大的社区，其中大部分老人为离退休人员、慕名而来旅游及疗养的外地人员。温泉社区流动人口最高可达 2000 余人。温泉社区现有党员 137 人，下设 3 个党支部、12 个党小组，社区工作人员共计 10 名，下沉社区第一书记 1 名，驻社区派出所民警 2 名，下沉政法干部 1 名。由于社区人口结构复杂，流动性大，辖区内无物业小区较多，老旧小区多，因而基层矛盾纠纷排查和化解工作是社区日常工作中的重要组成部分。

二、学习收获体会

阎莺莺是五龙背镇温泉社区的党委书记。阎书记于 2024 年 5 月 6—10 日参加了辽宁省委组织部举办的"社区党组织书记基层党建助力全面振兴新突破三年行动省级示范培训班"第五期的学习。此次培训以专题授课、分组讨论、座谈交流、参观学习、集体学习互动等形式开展。为期五天的学习让她认识到了探索党建治理新模式的重要性，必须通过组织共建、人才互动、党员联管等方式，积极提升基层党建工作新水平；组织建设的抓手就是有效沟通，倾听诉求、响应情绪、开放互通是解决基层矛盾的主要手段，通过有效沟通解决基层矛盾，加强社区群众的凝聚力；运用法律知识是维护社区权益，保障有效沟通的正规手段。

三、学以致用举措和成效

（一）"网格＋物业"：维护小区和谐稳定

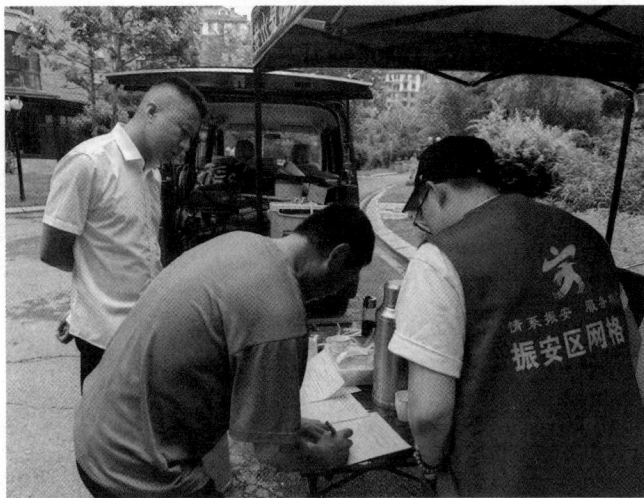

图 1　志愿者协商解决矛盾

"网格＋物业"联合调解是温泉社区新形势下对社会基层矛盾纠纷调解模式的全新探索。为深入推动网格精细化服务，提升物业管理效能，最大限度调动基层治理力量的积极性、主动性，联合物业公司，探索实践网格管理与物业服务的全新融合新模式，着力破解民生服务的堵点难点问题，为居民提供全方位、多层次、立体化服务。2024 年 6 月，温泉社区金海温泉小镇发生一起业主与物业之间的矛盾纠纷。小区业主因房屋漏水赔偿问题一直未与物业达成一致，情绪激动之下在小区园区内架起锅灶，烧火做饭，堵塞通行道路，影响了其他居民的正常生活，导致小区居民怨声载道，围堵物业办公室要求立即解决，场面一度失控。了解情况后，社区网格员安抚小区业主，同物业管理人员单独沟通，而后又将双方约在一起进行协商。通过红色物业的形式，同振安区小区办以及镇政府相关部门开展多方会谈，督促物业重视业主反映问题，主动沟通解决居民矛盾，防止事态升级，避免造成恶劣影响。在社区及物业的积极沟通调解下，最终业主同意了补偿方案，签署了补偿协议，撤掉了妨碍通行的铁锅及工具，恢复了小区和谐的生活秩序。此次"网格＋物业"联合调解，有效地防止了矛盾的激化和升级，维护了小区的和谐稳定，最大程度地降低了矛盾纠纷带来的负面影响。

（二）"网格＋党员志愿者"：先锋模范参与调解

图 2　网格员劝说居民配合供暖管道改造

"网格＋党员志愿者"的调解形式是在网格员了解纠纷情况后，积极发挥地方情感力量，敦促党员志愿者发挥先锋模范作用主动担当，以邻里情分为担保开展基层矛盾纠纷调解。温泉社区党员志愿者充分发挥与群众的密切联系，在婚姻家庭、邻里、物业、医疗等群众关切的领域全力开展工作。2024 年 8 月，辖区小区正在进行供暖管道改造，管道改造涉及一楼的小仓库，需要居民积极配合开锁施工。但有些居民认为改造与自家无关，施工方也可以改道走别的管线，拒不配合开锁。社区了解情况后，小区网格员找到了小区楼栋热心的党员志愿者共同上门进行劝说，向其解释说明管道改线会涉及更多的破拆问题，而且耽误施工可能会影响居民冬天的正常供暖。"作为小区居民我们都应该积极配合小区管道的改造，老旧小区每一次的改造机会都很难得。"在网格员与党员志愿者晓之以理动之以情的劝说下，居民终于同意打开仓库，搬出物品，让施工队进行管道改造施工。此次"网格 + 党员志愿者"联合调解，保障了群众的合法权益，增强了居民的参与感和认同感，增强了网格居民的凝聚力，预防了因小失大的矛盾产生。

（三）"网格 + 民警"：双重优势促调解

图 3　网格员与居民协商

"网格 + 民警"调解形式通过警力下沉、融入网格，切实推动服务与管理相结合、基础与专业相结合，充分发挥民警的专业优势和网格员的群众优势，"强强联合"让基层矛盾纠纷调解高效运转，将平安建设触角延伸到每个角落。温泉社区天合佳园小区发生一起因空调外挂机的安装位置问题产生的居民矛盾。四楼住户把空调外挂机安装在楼梯口的窗户外面，遮挡了公共走廊的部分窗户。三楼住户反对空调外挂机在此处安装，认为其侵占了公共区域，损害了其他居民的权益。社区在了解情况后，分别与双方进行了多次沟通，但结果不尽如人意，甚至有一方居民拒绝调解。于是网格员申请驻社区民警和社区下派的政法干部介入调解。在法律层面向双方进行了法律知识普及，明确了公共区域的使用权利义务等。通过多次三方调解，双方达成了和解，签署了和解协议。此次的"网格＋民警＋下沉干部"调解，让民警从"下社区"转变为"在社区"，从"局外人"变为"自家人"，全力织密社会治安防范网络，打通基层警务工作的"神经末梢"，使基层社会治理更高效、更精准。

（四）"网格＋业主委员会"：居民自治笑颜开

"网格＋业主委员会"调解模式通过"网格员精准发现、业委会专业调解"的双轨协同机制，实现矛盾纠纷"早发现、快响应、准化解"。2024年7月下旬，温泉社区龙泉佳园小区物业突然撤离小区，小区处于弃管状态，各类纠纷问题频发，居民矛盾激化严重。政府和社区启动紧急管理，社区网格员和业主委员会共同承担起小区应急处置的责任，垃圾清运、秩序维护、电梯维修等问题被逐一解决，并在政府指导下，三方协商，业主委员会发起业主大会投票，履行相关手续，招聘新物业进驻小区。在此过程中，网格员配合业主委员会积极解决居民反映的矛盾和问题，顺利度过物业更换期。此次"网格＋业主委员会"调解，通过应急手段解决居民的实际问题，增强基层组织的凝聚力，减少矛盾纠纷带来的各种阻碍，创造了良好的社会环境。

温泉社区一直致力于打造完善的社区网格"根系工程"，提升社区网格化治理水平，提升社区解决矛盾纠纷的能力。温泉社区党组织开展"网格＋"工作法，打造社区治理新格局。"网格＋党员志愿者"发挥小区内党员的先锋模范作用；"网格＋民警"发挥驻社区民警在矛盾纠纷化解方面的效能；"网格＋业主委员会"发挥群众自治力量，打造社区共建共治共享新格局。基层矛盾化解，是维护社会稳定、促进社会和谐的重要抓手。通过保障人民群众的合法权益、推动社会治理现代化、提升基层治理能力，促进经济发展和社会进步。让社区网格成为群众诉求的"传声筒"！

案例整理：崔雨楠

永不停歇的"党员 110"

——大连市西岗区白云街道云峰社区党委书记宋娟

一、社区基本情况

白云街道云峰社区现有党员 410 人，11 个网格党支部，22 个党小组。2009 年云峰社区以服务群众为重点，以党组织服务党员，党员服务群众为主体，创建了"党员 110 服务项目"，充分发挥社区党组织的作用，服务于民。"哪里有困难，哪里有需要，哪里就有党员志愿者的身影"，在白云街道云峰社区，大街小巷都留下了"党员 110"服务志愿者的身影，他们用点滴服务传递人间大爱，架起党同人民群众的"连心桥"。

二、学习收获体会

宋娟是云峰社区的党委书记。宋书记于 2024 年 5 月 27—31 日参加了辽宁省委组织部举办的"全省社区党组织书记基层党建助力全面振兴新突破三年行动省级示范培训班"。此次培训以专题授课、分组讨论、座谈交流、参观学习、集体学习互动等形式开展。为期五天的学习使她深刻认识到在基层治理中党建引领的作用，凝聚了"听党话、跟党走"的思想共识，进一步增强了当好社区"当家人"的本领和信心。

三、学以致用举措和成效

（一）亲如儿女的"党员110"

云峰社区"党员110服务项目"由连界巷党支部老支部原书记单丰美担任第一任队长，她把自家的电话作为居民服务热线，不分昼夜随叫随到，被居民们誉为"党员110"。因单丰美年事已高，第二任"党员110服务项目"队长由章融担任，服务队便有了自己的为民服务理念。章融将自家电话作为服务热线，把自家作为服务站点，并将服务热线印上便民服务卡分发给楼院居民，为需要帮助的居民群众提供服务。

"党员110服务项目"建立初期主要是为楼院及周边的孤寡老人提供服务，并与他们结成帮扶对子，照顾老人的日常生活，为老人洗衣、洗澡、收拾卫生、买菜等。只要一个需求电话，志愿者们就会马上把老人需要的药、大米、挂面、油、鸡蛋、粉条等生活用品送上家门。冬季来临之前，志愿者会主动上门为老人拆洗被褥，代买冬菜、腌制咸菜等。多年来，志愿者们持续照料多位老人，其中几位老人去世前拉着志愿者的手说："虽然我无儿无女，但这些年来多亏你们在我困难的时候伸出援助之手，亲如儿女，让我感到社会大家庭的温暖。"

图1　志愿者在楼院里陪社区独居老人唠家常

（二）随叫随到的"党员 110"

近年来，"党员 110 服务项目"以"亲情进万家，处处暖人心"为服务落脚点，深入开展以服务党员、服务群众、服务社会为核心的"三服务"活动，由最初的为孤寡老人服务延伸到为社区的困难居民提供服务，由此增加了代缴、代购、为失业人员及行动不便的退休人员代申失业证、退休认证、代接送孩子等服务项目。云峰社区网格党支部书记李贞兰，是"党员 110 服务项目"第三代带头人。不管严寒酷暑、大事小情，只要"党员 110"的电话一响，她和其他志愿者们就像上了发条，第一时间赶到现场，尽其所能帮忙解决。那些别人家鸡毛蒜皮的小事，是他们心里的头等大事。楼上楼下邻里间发生摩擦，他们火速赶到帮忙调解；发现街边路灯坏了，他们打起手电为行人照明。

图 2　志愿者们在楼院内进行安全巡查

（三）亲情守望的"党员 110"

每天清晨 6 点半，李贞兰就来到云峰社区北三街 6 号楼前，抬头看看 4 楼靠中间的独居老人于桂芳奶奶家的窗户，窗帘已经拉开，李贞兰放下心来，继续沿着自己负责的网格路线开始日常巡逻。于桂芳老人已经 93 岁了，早年丧偶，唯一的儿子也去世多年，李贞兰与老人约好，以"早上 6 点半拉开窗帘、晚上 7 点拉上窗帘"为信号，李贞兰在平时网格巡逻中就能通过观察窗帘状态掌握老人的安全状况。这项被社区居民亲切地称为"窗帘之约"的服务，源于社区中独居老人群体的实际需求。云峰社区党委广泛推广"窗帘之约"助老志愿服务活动，志愿者们与高龄独居老人结对帮扶，以独居老人拉开窗帘作为报平安的"暗号"。窗帘若未拉开，信息员和志愿者就会第一时间通过电话或入户查看老人情况，形成以老助老、邻里互助的常态化志愿服务模式。

图 3　志愿者们开展"窗帘之约"邻里守望活动

（四）有求必应的"党员 110"

云峰社区"党员 110 服务项目"启动 12 年来，对居民的需求做到"有求必应"。"党员 110 服务项目"的启动使居民感受到了社区的凝聚力和向心力，同时居民之间团结友爱、为民服务的精神也得到了发扬。为了更好地服务群众，充分发挥社区和党员为困难群体排忧解难的作用，社区党委将继续深化细化"党员 110 服务项目"特色服务，在社区其他党支部中设立分队，进行网络化管理，整合党员资源，增加"党员 110 服务项目"服务内容，设立"橙心服务"养老服务圈，为辖区空巢老人提供养老服务；设立在职党员再就业服务分队，为下岗失业党员群众提供再就业服务；设立残疾人服务分队，为辖区内残疾人提供康复训练等服务。各分队分别制定相应制度及服务承诺条例。社区党委将以"党员 110 服务项目"为中心，充分发挥党员志愿者"社情民意调研员、义务巡逻治安员、矛盾纠纷化解员、卫生管理监督员、惠民便民服务员"等"五员"的作用，通过定期或不定期上门走访，广泛收集社情民意，及时帮助群众解决各类难题。同时在"党员 110 服务项目"成立网格议事会制度，对于不能解决的难点问题，通过每月一次的网格议事会进行分析梳理，分别向上级党组织反映，并协同抓好落实。通过网格化管理，进一步细化了党员干部的责任，实打实地帮群众解决生活难题。

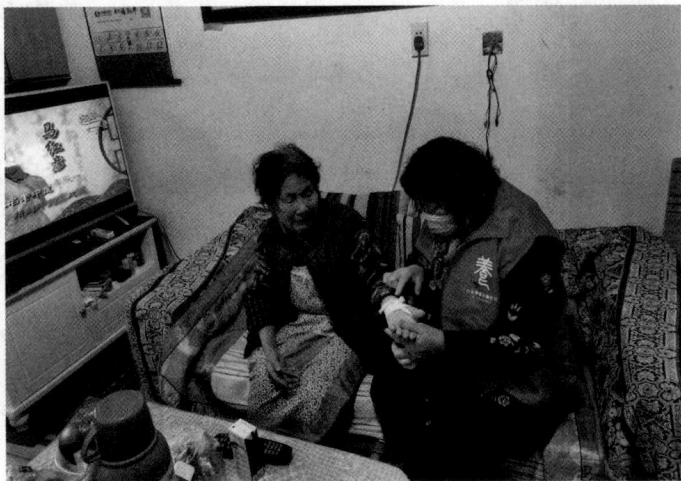

图 4　队长李贞兰看望手部烫伤的独居老人吴秀英

多少次电话铃响，就有多少次使命召唤。云峰社区"党员 110 服务项目"的志愿者们，以社区网格化管理为依托，以提高社区服务质量为目的，打通了服务群众"最后一公里"，他们就像一面坚实的蓝盾，牢牢守护着社区千家万户的平安祥和。

案例整理：侯鸿楠

"沈抚义警"：社区和谐的"新引擎"

——沈抚改革创新示范区汪家街道汪家社区党委副书记李杰

一、社区基本情况

汪家街道汪家社区自 2004 年成立，是汪家地区成立最早的社区，管理面积约 1.15 平方千米，下辖 6 个居民小区，常住居民 11000 余人，有 380 家个体工商户与 2 个驻区单位。社区现有 10 名社区工作者、1 名残联专干事，党支部有 59 名党员。目前，社区在册登记志愿者 204 人，全部纳入示范区义警管理系统，"沈抚义警"在社区巡逻安防、隐患排查、纠纷调解、宣传教育等工作中发挥重要作用，提升了群众安全感与社区服务满意度。

二、学习收获体会

李杰是汪家街道汪家社区的党委副书记。李书记于 2024 年 9 月 2—6 日参加了辽宁省委组织部举办的社区党组织书记培训班。此次培训以专题授课、分组讨论、座谈交流、参观学习、集体学习互动等形式开展。为期五天的学习让她深刻认识到必须将此次学习的理论知识结合到社区实际工作中，取长补短，全方位采取措施和运用载体，学会将劣质变优质，争取在低起点上作出成绩。

三、学以致用举措和成效

（一）多元聚力，打造"沈抚义警"坚实方阵

图 1 "沈抚义警"专业技能培训

　　2024 年 4 月 29 日沈抚改革创新示范区启动"沈抚义警"联巡联防工作，选取汪家社区所管辖的保利白沙林语、汪家馨城作为首批试点小区。工作开展以来社区主动探索将社区各项服务业务与"义警"工作深度融合，结合社区实际情况链接各方资源，依托社区大党委开展"沈抚义警"招募，已招募义警 204 人。同时，组织公安局、大党委成员单位、驻社区物业单位等联合成立了汪家社区义警临时党支部、同步成立汪家社区义警中队 2 个；组建汪家社区义警、汪北义警、汪南义警、干河子义警、各物业义警、各社会团体义警、小规模市场义警等微信网格群 15 个；汪家社区大党委联合汪家公安局组织召开"沈抚义警"工作研讨会、推进会及中队义警巡逻业务、消防安全等培训会 8 次；组织义警开展燃气安全使用知识宣传、反诈宣传、案件正面宣传消除舆论隐患等 10 余次；利用示范区义警系统发布汪家临时市场管理等大型任务 3 次，组织义警参加汪家馨城巡逻任务 200 余次；同时社区组织义警参与"治改提创"行动，重点开展小区基础设施安全隐患巡查，小市

场整治、规划与汪家临时便民市场管理，清理小区外"小开荒"，清理楼道等公共区域垃圾杂物堆放，主要干道施划停车位和完善道路交通标志标线等。

（二）义警出击，筑牢网络舆情"防火墙"

"大家一定注意孩子的安全！刚刚发生的事情，一个五年级的小男孩儿在人民文化公园独自玩耍，被人贩子追，孩子跑进驿站，人贩子才肯罢休！"这是汪家某商贩群传播的一则信息并配有一段视频，该群内汪家义警队员按照义警培训时学习的处理方法，将这则消息第一时间上报给汪家社区李杰副书记。李书记凭借多年的工作经验，敏锐地发现该信息存在重大舆情风险，立即与汪家派出所关吉伟队长沟通进行核实。关队长连同属地片警实地走访，经确认此消息为假消息。与此同时，这则消息经不明真相的居民传播，已经在部分微信群内扩散，甚至短视频上也出现了相关的信息并产生了流量，引发网络舆论大面积发酵。为尽快消除舆论的负面影响，汪家派出所与社区利用社区微信网格群、各义警管理微信群、小区物业群联合发布"事件不真实，请大家不要相信，做到不信谣、不传谣！"信息，进行事件澄清，第一时间阻止了谣言的继续发酵。同时，通过综治沈抚义警平台发布紧急巡逻任务，招募 50 名义警志愿者，要求义警在巡逻过程中对辖区居民加强宣传，澄清"人贩子"事件，告知辖区居民不信谣、不传谣，避免造成不必要的社会恐慌。通过义警 2 天的宣传，消除了居民的恐慌和怀疑心理，制止了网络炒作，维护了社会的稳定。

（三）义警护航，畅通汪家道路"新征程"

2024 年 6 月中旬，汪家街道玄菟二路、玄菟三路、金枫一街三条主要道路整体施划道路交通标志标线、停车位。为配合施工顺利完成，汪家社区立即在社区居民网格微信群滚动发布施工信息，进行广泛宣传，同时动员社区党员、义警对停放在施工地段的车辆进行现场拍照、电话联系，驶离各种车辆 60 余辆；在施工期间，社区组织社区工作者、义警在施工路段设卡拦截车辆，保证现场顺利施工。通过标志标线、停车位施划整治行动，进一步加强了汪家地区市容市貌管理，解决了道路划线模糊问题，规范了群众车辆停放，保持了道路畅通有序，有效遏制乱停乱放现象，为广大群众打造安全、畅通、便利的出行环境。

图 2　"沈抚义警"配合执法部门开展道路规划整治行动

（四）义警协同，奏响"治改提创"和谐曲

汪家街道汪家社区党委为进一步提高"治改提创"工作"治"的效果和"改"的速度，加大巡查力度和问题处理速度，与示范区执法局、汪家公安分局、汪家馨城二期物业共同启动义警联巡联防行动，召开整治居民在公共区域长期堆放垃圾杂物问题的联动协调（调解）会议，会上各方达成联巡联防共识，对问题涉及的群众进行劝解，会后在执法、公安部门的联动配合下，物业对堆放垃圾杂物现场进行了清理。这次行动，社区大党委将"治改提创"工作与大党委机制、"沈抚义警"、志愿者服务等工作深度融合，解决了群众身边的烦心事、闹心事，增加了群众的获得感、幸福感。

图3　"沈抚义警"参与社区居民矛盾调解

汪家社区将继续挖掘志愿者、"沈抚义警"工作潜力，将义警参与巡逻安防、参与隐患排查、参与纠纷调解、参与宣传教育的主要功能与社区居民服务联系起来，通过巡逻增加见警率，维护示范区社会秩序，服务帮助群众，防范遏制社会面各类违法犯罪活动，提升社会治安掌控力，提高群众安全感。发挥义警人员类别优势，选取各村有威望的老党员、法律顾问、各行业专职从业人员等，在社区调解室、小区院区内、居民楼道内、居民家中等多点位，创新开展社区调解工作，实现服务与居民零距离。联合公安部门建立健全沟通机制，创新社区矛盾调解机制和纠纷解决机制，有效化解社区内部矛盾和纠纷，维护社区的和谐稳定，不断优化社区服务，提升居民对社区服务的满意度。

案例整理：侯鸿楠

"警务堡垒守护、共筑社区平安"和谐新画卷

——海城市腾鳌镇福宁社区党支部书记蒋浩

一、社区基本情况

腾鳌镇福宁社区成立于 2018 年 12 月，位于海城市腾鳌镇商业繁华区域。辖区内有 9 个自然小区 127 栋楼，有居民 4609 户、9846 人，以及 405 个门店。为了能够更好地服务辖区群众，切实提高社区自身管控和处理突发事件的能力，保障社区居民的安全和社会稳定，2020 年社区成立了海城市首个社区警务室——周晓龙警务室。

二、学习收获体会

蒋浩是腾鳌镇福宁社区的党委书记。蒋书记于 2024 年 7 月 1—5 日参加了辽宁省委组织部举办的"全省社区党组织书记基层党建助力全面振兴新突破三年行动省级示范培训班"。在培训中，通过教授深入浅出地解读，让他对习近平新时代中国特色社会主义思想和习近平总书记的重要讲话有了更为系统和全面的理解。在培训期间，与来自全省各地的社区党组织书记进行了交流和研讨，分享了各自社区的工作经验和特色做法。这让他开阔了眼界，学到了许多在实际工作中具有借鉴意义的新思路和新方法。他深刻认识到必须时刻牢记自己的职责和使命，努力提升社区党建工作水平，加强社区治理，提高社区服务质量，不断开创社区工作新局面，为社区的发展和居民的幸福、为助力全面振兴新突破三年行动，贡献自己的全部力量。

三、学以致用举措和成效

福宁社区自 2018 年建设以来，在省市镇三级联动体系的共同指导下，坚持以"警民共建、共筑平安"为建设宗旨，全力推进辖区平安建设工作，逐步构建起"警务堡垒守护、共筑社区平安"的治理新模式。

2020 年，福宁社区成立了海城市首个社区警务室——周晓龙警务室。

说起"周晓龙警务室"的由来，还得从一个响当当的名字"周晓龙"说起：周晓龙是海城市腾鳌公安派出所的副所长。在腾鳌公安派出所工作期间，周晓龙多次带领派出所干警在推进平安建设、打击违法犯罪工作中屡立战功，荣获了"全国公安系统二级英雄模范""辽宁省五一劳动奖章""辽宁省最美警察"等多项荣誉称号。

福宁社区建设之初，市、镇、社区三级联动推进平安建设，系统规划警务社区组建方案，最终建成"周晓龙警务室"示范点。"周晓龙警务室"自建设以来，由周晓龙副所长亲自领导和开展工作，警务室坚持以"打击犯罪、帮扶群众、化解矛盾、治安巡逻、帮扶教育"为工作宗旨，在社区平安建设中发挥了极其重要的作用，同时也拉近了警民关系，实现了警务零距离服务。

（一）打击犯罪，巩固社区安全防线

在社区平安建设中，社区居委会充分发挥社区警务室"最前沿"的治理作用，织牢基层治安防控网，如同在社区前沿建设了一个哨岗，时刻警惕，全面防范社区各种安全隐患。针对福宁社区人员流动性大、治安问题相对较多的问题，社区通过推进警务室巡逻防控、信息收集等工作，充分发挥了警力震慑、打击违法犯罪的作用，为社区平安建设提供了强有力的保障。自 2020 年以来，警务室与社区共同处理"12345"平台案件及居民诉求案件共 400 余件。

图1　警务室民警和社区与物业人员进行辖区内日常巡逻走访

　　福宁社区有一段时间频繁发生三轮车被盗案件，在收到社区群众报警后，社区警务室的民警们迅速行动起来，一方面，增加巡逻频次，尤其是在三轮车停放较为集中的区域；另一方面，通过走访居民、查看监控等方式收集线索。经过连续多日的努力，终于锁定了犯罪嫌疑人。在实施抓捕行动中，民警们凭借对社区地形的熟悉和精准判断，成功将其抓获，为居民挽回了损失。

（二）化解矛盾，构建和谐社区关系

　　福宁社区是一个人口较多、人源结构较为复杂、管理难度较大的社区。在社区生活管理中，邻里之间、家庭内部难免会产生一些矛盾和纠纷。社区在调解纠纷和矛盾时，面对形形色色复杂的问题，有时社区工作人员无法调解尖锐矛盾问题，社区警务室就充分发挥"以法说法，以法调节"的作用，化解辖区群众矛盾，使社区平安建设走上了"法治化"的建设轨道。

　　有这样一个案例，社区内两户人家因为房屋漏水问题产生了激烈的矛盾，双方争吵不断，甚至险些"大打出手"。社区工作人员和社区警务室的民警得知情况后，第一时间赶到现场。他们先安抚双方的情绪，然后分别听取双方的说法。经过仔细调查，社区工作人员和社区民警发现漏水问题是由

于楼上住户的管道老化所致，在排查到原因后，社区工作人员积极协调物业和维修人员，制定出合理的维修方案。同时，由社区民警对双方进行耐心地劝解和"现身说法"。在社区和民警的共同努力下，双方业主终于认识到了各自的错误，同时也认清了"懂法"的重要性，最终，双方达成了和解，楼上住户同意拿出 1800 元维修管道，楼下住户也表示不再追究因楼上漏水问题造成的损失，避免了一次因矛盾纠纷而导致的"流血事件"。几年来，在福宁社区，以社区警务室为主导调解邻里纠纷、化解社会矛盾的案例举不胜举，极大地推动了和谐社区建设。

为了长期有效发挥社区警务调解社会矛盾的关键作用，福宁社区警务室还专门设立了调解室，为矛盾纠纷的化解提供了专门的场所和环境。通过民警们的努力，许多矛盾纠纷在萌芽状态就得到了有效化解，避免了矛盾的激化和升级，真正做到了"矛盾不上交"。

社区警务室还是服务群众的温暖港湾。民警们始终秉持着"把社区当成家，把群众当成亲人"的理念，为居民们提供贴心的服务。他们为居民办理户口、身份证等证件，解答居民们关于法律法规的疑问，为居民们提供安全防范知识的宣传和培训。

随着"一标三实"信息采集工作的开展，社区进一步规范居民住房标准地址，将人口、房屋、单位的详细信息录入信息系统，实现信息共享互通，为全社会提供更加及时、准确的地址信息服务，更好地进行城市管理和治安管理，推进城市智慧

图 2　周晓龙同志带领社区与物业工作人员到诉求人家里调解矛盾纠纷

化建设。

在社会治理上，福宁社区坚持发挥社区警务室的牵头作用，如在禁毒工作上，民警和社区工作人员联合开展禁种铲毒工作，根据毒品原植物的生长规律和辖区实际情况，制定详细的踏查计划，按照踏查计划，定期开展拉网式踏查行动。同时，鼓励居民积极举报非法种植毒品原植物线索，形成全民参与踏查铲毒的良好局面。

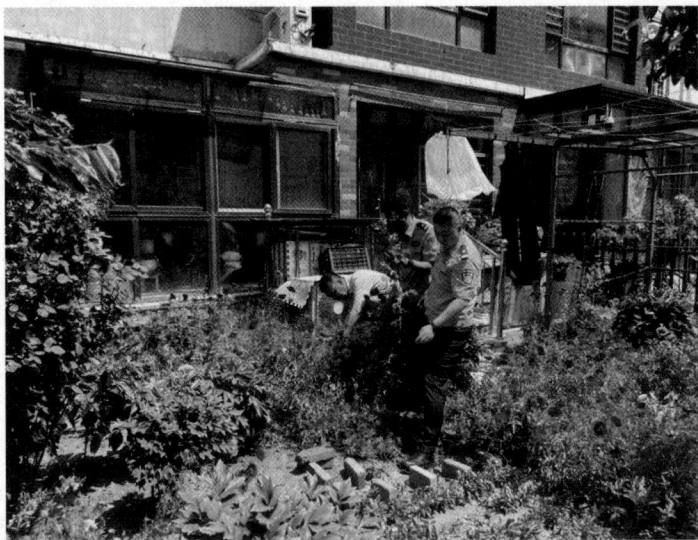

图 3　禁种铲毒工作实地踏查，确保"零种植""零产量"

（三）协同合作，共筑社区平安和谐

为了更好地开展平安社区建设工作，发挥社区警务室的作用，不断提升社区警务工作的水平，福宁社区采取了"多管齐下"的措施。一方面，着力加强社区警务室的信息化建设，利用现代信息技术，如大数据、云计算、人工智能等，提高社区警务工作的效率和精准度。通过建立社区警务信息平台，实现对辖区人口、车辆、房屋等信息的实时掌握和管理，为治安防控和案件侦破提供有力的数据支持。另一方面，加强社区警务室与其他部门的协作配合。社区警务工作涉及多个部门，如街道办事处、社区居委会、物业公司等。只有加强各部门之间的协作配合，形成工作合力，才能更好地解决社

区内的各种问题。例如，在治安巡逻、矛盾纠纷化解、安全隐患排查等工作中，社区警务室与其他部门共同开展工作，实现了资源共享、优势互补。

警民共建、警社共建为新时期城市社区建设探索出了一条新路子。社区警务室的建立，为基层社会治理打下坚实的基础，同时，在联系群众和服务群众上发挥了至关重要的桥梁和纽带作用。社区警务室的建立，对社区的管理和发展而言，既是"锦上添花"，也是"雪中送炭"。

未来，福宁社区将持续深化"警务堡垒守护、共筑社区平安"的模式，加强社区警务室建设和管理，为居民创造更安全、稳定、和谐的生活环境，续写平安建设新篇章。

案例整理：侯鸿楠